よくわかる
社会人の基礎知識

マナー
文書
仕事
のキホン

編集代表 岡野絹枝　編集協力 清水たま子

ぎょうせい

# まえがき

　人生100年時代を迎えようとする今、私たちが豊かな人生を送るためには、生涯にわたってキャリアを築いていく必要があります。

　私たちは、教育を受けたあと就職し、長い年月にわたる職業人生を送ります。これからは、50年を超える職業人生を考えねばなりません。それはすなわち、50年間も同じ職場で働き続けるという時代ではなくなり、常にキャリアを磨き、自らキャリアを切り拓いていく職業人生になるということです。さらに、AI（人工知能）が急速に発達し、近い将来、現在ある職業の多くがなくなると予測されています。

　激動する社会を視野に入れながら、自分の興味関心・適性・価値観に合った専門分野の学習を進めていくときに最も必要な力は、「社会人としての基礎力」です。どのような職業に就くにしても、この基礎力を土台としてもっていれば、それぞれの専門スキルは、バランス良く培うことができます。

　また、私たちは、職業の専門性などによる役割分担にかかわらず、職場という組織に身を置き、チームワークを行い、対人関係の中で成長します。

　本書では、社会人としての基礎力を養うために、できるだけ多くのことを学べるよう、2部編成にしました。第1部は、「職場のコミュニケーションとビジネスマナー」、良い人間関係を築くための基本スキルです。第2部は、「仕事の仕方とビジネス文書」、日々の仕事をする上で必要な知識です。どのような職業にも活用できるスキルを、わかりやすく、学びやすく、学んで良かったと思えるように工夫しました。お役に立てば幸いです。

　なお、本書の出版にあたり、株式会社ぎょうせい出版企画部に多大なご高配をいただきました。編集協力者と執筆者を代表して心からお礼を申し上げます。

　平成31年3月

編集代表　　岡野　絹枝

# 目　次

## 第1部 ● 職場のコミュニケーションとビジネスマナー

### 第1章　これからのキャリア形成と就業意識

1. キャリア形成 …………………… 2
2. ワークライフバランス ………… 4
3. 人生100年時代を生きること …… 7
4. 仕事への意識 …………………… 9

### 第2章　職場のコミュニケーション

1. コミュニケーションの基本 ……… 12
2. 身だしなみと挨拶 ……………… 14
3. 言葉づかい ……………………… 16
4. 敬語 ……………………………… 18
5. 報告・連絡・相談 ……………… 22

### 第3章　来客応対と訪問

1. 来客応対の基本 ………………… 26
2. 茶菓の接待 ……………………… 30
3. 名刺の扱い方 …………………… 31
4. 紹介の仕方 ……………………… 34
5. 面談の要領 ……………………… 35
6. 訪問の心得 ……………………… 35

### 第4章　電話応対

1. 電話応対の基本 ………………… 39
2. 電話の受け方 …………………… 41
3. 電話のかけ方 …………………… 45
4. 携帯電話の扱い ………………… 49

### 第5章　交際業務

1. 冠婚葬祭 ………………………… 51
2. 慶弔 ……………………………… 52
3. 贈答 ……………………………… 56
4. 見舞い …………………………… 59
5. 取引先との付き合い …………… 59
6. パーティーの基礎知識 ………… 60
7. 国際儀礼 ………………………… 62

### 第6章　自己紹介とプレゼンテーション

1. 自己紹介の基本 ………………… 65
2. プレゼンテーションの基本 …… 66
3. スピーチ技法 …………………… 70
4. プレゼンテーション技法 ……… 73

# 第2部 ● 仕事の仕方とビジネス文書

## 第1章　仕事の取組み方
1. 仕事の仕方（PDCA）……………80
2. 職場のルール……………………81
3. 仕事と法律………………………82
4. 社会保険と税金…………………86
5. コンプライアンス………………90
6. SNSの利用と心得………………91

## 第2章　会議業務
1. 会議の種類と取組み方…………94
2. 会議の運営………………………95
3. 会議の出席………………………102
4. 会議の効率化……………………103

## 第3章　ビジネス文書の基本
1. ビジネス文書の特徴……………106
2. 文書作成の留意点………………107
3. 文書表記の基本…………………107
4. 正しい文章表現…………………109
5. 現代仮名づかい…………………111
6. メールの書き方…………………112
7. 文書管理…………………………114

## 第4章　社内文書の作り方
1. 社内文書の種類…………………117
2. 社内文書の書式…………………119
3. 社内文書の構成要素……………119
4. 社内文書の文例と作成の留意点…121

## 第5章　社外文書の作り方
1. 社外文書の種類…………………130
2. 社外文書の書式…………………131
3. 社外文書の構成要素……………134
4. 社外文書の文例と作成の留意点…138
5. 封筒・はがきの書き方…………146

## 第6章　業種・職種の知識、会社と経営、情報収集
1. 業種・職種の基礎知識…………149
2. 会社の仕組みと経営の基本……152
3. マーケティングの基礎知識……156
4. 日常の情報収集…………………159

ビジネス用語一覧表…………………163

# 職場のコミュニケーションとビジネスマナー

# これからのキャリア形成と就業意識

## 本章のポイント

この章では、これから自分の進む道を拓いていくために、どのような考え方や意識をもつ必要があるかを学びます。そのために、まず、キャリアを形成するという考え方を学びます。次に、長い職業人生を楽しく有意義に過ごすことができるように、ワークライフバランスや、仕事への意識についても理解を深め、人生100年時代を生きる考え方の基本を学びます。

## 1 キャリア形成

### (1) キャリアとは

「キャリア（career）」とは、「人生のわだち」という意味の英語からきています。人間の一生は、誕生した後に養育され、そして学業を終えた後には、一般的に働くという人生を送ります。その中の多くの時間を、働きながら、それぞれの生活を営んでいくことから、「職業生涯」や「職務経歴」などと訳されています。どのような職業に、どのようにかかわるかによって、キャリアは様々であるといえるでしょう。自分の道を拓いていくためには、自分のキャリアを他人に任せるのではなく、自ら形成していくことが重要です。

### (2) キャリア形成とは

キャリア形成とは、社会や周囲の人たちとの相互関係を保ちながら、自分らしい生き方を考え、実現していくプロセス（過程）のことをいいます。そして、社会や周囲との相互関係を保つためにこそ、人は生涯をかけて、そのときそのときの自分の立場に応じた役割を果たしていくのだといわれています。

### (3) 自分でキャリアを形成する時代

これからのキャリア形成を考えることは、これからの世の中を考えることでもあります。様々な技術革新によって、今まで重要視されていた仕事が不要となる一方、まったく新しい仕事が登場してきます。AI（人工知能）やロボットの普及によって、今存在している職種の多くが消えてなくなるという研究もあります。大きく変わっていく世の中において、これからの自分がどのような職業生涯を送るのかを考えることは、大変難しいことのように感じられます。しかしながら、時代の流れに取り残されるわけにはいきません。これか

らのキャリア形成のキーワードは、「じりつ（自立・自律）」といえるでしょう。かつては職業生涯を１つの職場で終える人が多かったのですが、これからは転職を余儀なくされたり、別の職場へとステップアップしたりすることが、普通に起こるようになります。また、在宅勤務やフレックスタイム制など、柔軟な働き方が可能になっています。自分で自分のキャリアを形成することができる時代になったといえるのです。キャリアは、職場から与えられるだけのものではなく、自ら形成するものだと考えましょう。

## (4) 今の自分とこれからの自分

「これからの自分」を考える前に、まず、「今の自分」や「これまでの自分」を振り返ることから始めてみましょう。例えば、「いつ、何に取り組んできたのか」をいくつか書き出し、その後に、現在の自分は「何をしているのか、何をしたいと思っているのか」などを書き出してみます。このように書き出してみると、簡単な経歴書ができあがり、新たな気付きがあるはずです。これらを、友人や家族と話し合ってみてください。こうした話し合いを通じて「自分を知る」ことと同様に、「他人を知る」ことができます。そして、それは「社会を知る」ことにつながります。今の自分について棚卸しの作業をすることは、社会人としての第一歩、キャリア形成の基礎固めになるのです。

次は、「これからの自分」を考えます。今の自分は満足できる姿といえるでしょうか。短所だらけの自分であれば、それらの点を改善していかなければいけません。逆に、長所が多くみられるならば、どの長所をさらに伸ばしていくことができそうでしょうか。あるいは、未開拓の自分自身が隠れているかもしれません。「これからの自分」を考える際には、潜在能力（隠れた能力）を発見し伸ばしていくことも重要です。自分のまだ知らない自分自身を知ろうとすることは、人間的な成長にとって不可欠な要素といえます。

## (5) 外的キャリアと内的キャリア

キャリアについて、少し踏み込んで考えてみましょう。キャリアは、「外的キャリア」と「内的キャリア」という２つに分けることができます（図１）。「外的キャリア」とは、他人から見ることができる「客観的キャリア」といえます。履歴書に記載する内容などがこれにあたります。係長・課長・部長というような職位を示すものや、事務職・営業職などの仕事内容もこれにあてはまります。

一方、「内的キャリア」は、「主観的キャリア」といえるものです。「外的キャリア」がどのようであっても、主観的に自分自身がもつ興味、やりがい、使命感などをいいます。したがって、内的キャリアには、出世のような昇

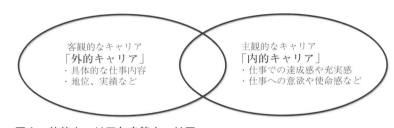

図１　外的キャリアと内的キャリア

進や、その逆の後退もありません。自らがキャリアを形成するということは、特に「内的キャリア」に重点を置き、これからの自分の人生の中で、働くことに意味と価値をもとうとする意識であるといえます。

## 2　ワークライフバランス

### (1) ワークライフバランスとは

「仕事と生活の調和」という意味で、国民一人ひとりが、やりがいや充実感をもちながら働き、仕事の責任を果たすとともに、家庭や地域での生活における役割などに十分な時間をもつことのできる健康で豊かな生活と定義されています。

ただし、ワークライフバランスの「ライフ」は、仕事以外の生活を指しています。本来、「ライフ」は、人生そのものという意味ですので、「ライフキャリア」という場合は、仕事、家庭、そのほかの個人的生活すべてを含めた人生のキャリアを指します。言葉の使い分けに注意が必要です。

### (2) ライフキャリアの虹

キャリア学の元祖といわれるD.スーパー博士の「ライフキャリア・レインボー理論」は、今もキャリア理論の基盤となっています。ライフキャリアは、人生全般にわたり、社会や家庭での様々な役割の経験を積み重ねて形成されるとし、キャリアを構成している7〜8種類の役割が重なり合うため、人生を「ライフキャリア・レインボー（虹）」というアーチ型に表しました。図2を参照してください。

生まれてしばらくの間は「子ども」として育てられるだけの存在ですが、学校に通うようになり、やがて、市民として選挙権をもつようになります。働くようになって独り立ち

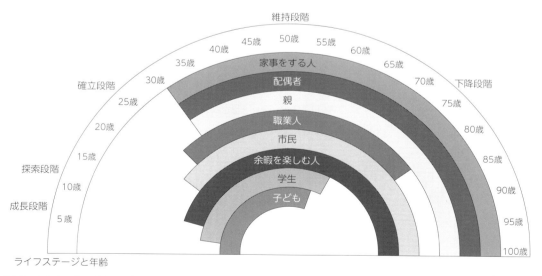

**図2　ライフキャリアの虹**　（出典：『新版キャリアの心理学［第2版］』などを参考に作成）

した後には、結婚し、働きながら、配偶者とともに家事や子育てをするようにもなります。

そのときの自分の立場に応じた役割を担いながら、自分らしい生き方を模索し、展望し、実現していくことが重要です。

## (3) 自分にとっての働き方
### ① ワークとライフのバランス

やりがいのある仕事と充実した私生活を両立させるという考え方のもと、「働き方改革」の施策として、無駄な時間外労働の削減や生産性を高める働き方が求められ、企業側は、この実現のために様々な制度を導入しています。

一方で、「どのような働き方をするのか」は、働く個人にも問われているのです。それでは、自分の人生に占める仕事の割合は、どのくらいが望ましいと考えたらいいでしょうか。正解はありません。その答えは自分の中にしかありません。

### ② なぜ働くのか

有名な『3人のレンガ積み』という寓話があります。中世のとあるヨーロッパの町の建築現場で3人の男が働いていました。男たちは「何をしているのか」と尋ねられました。最初の男は「レンガを積んでいる」、2人目の男は「お金を稼いでいる」と答えました。3人目の男は「後世に残るような町の大聖堂を建築している」と答えました。同じ働く時間を過ごしているにもかかわらず、3人それぞれの時間の意味が異なるといえます。何の目的もなく単に働いている男と、お金（生活費）を目的に働いている男、そして、歴史に残るような世の中に役立つ大きな仕事をしている男です。「外的キャリア」はまったく同じかもしれませんが、「内的キャリア」は大きく異なります。

以上の寓話には、「なぜ、あなたは働くのか」という問いかけが含まれています。ただ単にレンガを積むだけの仕事であれば、自分以外の誰かがしても同じことです。生活費を稼ぐのであれば、より効率良く稼げる仕事を選べばいいだけのことです。しかし、3人目の男のように、自分の仕事の意味を見い出して、仕事に取り組んでいる姿は魅力的ではないでしょうか。

同じ時間とエネルギーを投入するのならば、自分自身でその意義を見い出せるように、前向きに取り組むことから始めることが、社会人の基本姿勢であるといえます。

## (4) キャリア形成の3つの問い

次は、キャリア形成のための3つの問いかけです。これも正解があるわけではありません。

① 「何が得意か」
② 「何をやりたいのか」
③ 「何をやっている自分が充実しているのか」

①は「才能と能力」について、②は「動機と欲求」について、③は「意味と価値」についての問いです。これらの3つを満たしたときに、単なる生活費を稼ぐための仕事から、

惜しみなくエネルギーを注ぎたくなるすばらしい仕事へと意味が変わります。レンガ積みの寓話で、おそらく最後の男は3つの問いが重なり合うような仕事をしていると推測できます。寓話では、3人の男の労働価値（働くことについての価値観）の違いがわかりやすく3つに分けて示されていましたが、実際には、もっと多くの労働価値があります。

表1は、「14の労働価値」といわれる一覧表です。働く場面をイメージし、自分にとって重要だと思うものを順番に並べてみましょう。特に重要だと思うもの、あまり重要だとは思わないものはどれでしょうか。

労働価値は、仕事の経験を重ねるうちに明確になってくるものですが、これからの時代は、労働価値だけでなく、それぞれに合った「ライフスタイル」が大切になってきます。ワーク一辺倒では、自分らしさを追求することが難しいといえるからでしょう。あなたの今の労働価値はどれでしょうか。ワークとライフのバランスを考える際に、まずは2つか3つに絞って考えてみてはどうでしょうか。

**表1　14の労働価値**　（出典：『D・E・スーパーの生涯と理論』などを参考に作成）

| 14の労働価値 | 働く場面のイメージ |
|---|---|
| ①能力の活用 | 自分の能力を発揮できる。 |
| ②達成 | 良い結果に結び付く仕事ができる。 |
| ③美的追求 | 美しいものを創り出せる。 |
| ④愛他性 | 人の役に立てる。 |
| ⑤自律性 | 他からの命令や束縛を受けず、自分のペースで働くことができる。 |
| ⑥創造性 | 新しいものや考えを創り出せる。 |
| ⑦経済的報酬 | たくさんのお金を稼ぎ、高水準の生活を送ることができる。 |
| ⑧ライフスタイル | 自分の望むような生活（仕事と家庭・プライベート）を送ることができる。 |
| ⑨身体的活動 | 身体を動かす機会をもてる。 |
| ⑩社会的評価 | 社会に広く仕事の成果を認めてもらえる。 |
| ⑪冒険性 | わくわくするような体験や、困難を乗り越えて成功できる。 |
| ⑫社会的交流性 | いろいろな人と接点をもちながら仕事ができる。 |
| ⑬多様性 | 多様な活動ができる。 |
| ⑭環境 | 心地よい環境で仕事ができる。 |

## 3 人生100年時代を生きること

### (1) ライフシフト

「ライフキャリアの虹」で示された「人のライフキャリア」では、当初、80歳くらいで生涯を終えることが想定されていました。しかし、最近になり、日本人の平均寿命の研究から、これからは100年生きることを前提とした人生設計の必要性がいわれるようになってきました。その根拠として、2つのデータが示されています。1つは、2007年生まれの子どもの半数が、日本では107歳まで生きることができるということです。もう1つは、平均寿命世界1位の国をグラフ化すると、寿命が10年ごとに平均2～3年のペースで上昇していることです。今50歳未満の日本人は、100年以上生きる時代を過ごすつもりでいたほうがいい、今80歳の人は、20年前の80歳よりも健康であることもあげられています。こうしたデータをもとに、人生100年時代を見据えた経済社会のあり方が構想される中、「ライフキャリア」のあり方も新たに考え直す必要があるのです。人が100年も"健康に"生きる社会が到来するとき、従来の3つの人生ステージ（①教育を受ける、②仕事をする、③引退して余生を過ごす）のモデルは大きく変容すると指摘されています。

### (2) 新しい3つのステージ

今までの3ステージでは、20歳前後までに教育を受け、その後に就業し、60歳代で引退し、老後生活を送ることが想定されていました。しかし、寿命が延びれば、それに伴い、引退年齢が70歳代どころか80歳代になることも予測されます。すなわち、新たなステージを経験することになるのです。

表2は、新しい3つのステージのモデル例です。

このステージは、マルチステージ（複数のステージ）とも呼ばれています。「ライフキャリアの虹」に示される「成長・探索・確立・維持」というような、人としての成長段階が進んでいくことに変わりはないとしても、「教育→仕事→引退」のような直線型のものではなく、ステージを行ったり来たりし、マルチステージの人生を生きることになるということです。このような人生が繰り広げられるのであれば、私たちは、これからマルチステージに対応したキャリア形成を考える必要があります。

表2　新しい3つのステージ　（出典：『LIFE SHIFT（ライフ・シフト）』をもとに作成）

| ステージ | 例 |
| --- | --- |
| 選択肢を狭めずに幅広い針路を検討する「探検者」 | 自分の生き方に関して考える時期、知識やスキルを再習得する（職業訓練・学び直しなど） |
| 自由と柔軟性を重んじて小さなビジネスを起こす「独立生産者」 | 組織に雇われず、独立した立場で生産的な活動に携わる（フリーランスなど） |
| 様々な仕事や活動に同時並行で携わる「組み合わせ型」 | 週3日は仕事をして、週1日はボランティア、週1日はNPO活動をする |

## (3) 3つの資産

### ① 有形の資産

長く生きることが前提となる人生100年時代、例えば、ライフマネー（人生で必要なお金）については、より一層計画性が重要になります。一般に、人生の三大資金（必要な高額資金）は、「住宅資金」「教育資金」「老後資金」といわれています。ライフイベントに合わせ、計画的に貯めて（貯蓄）、増やす（投資）必要性が高まっているといえます。

### ② 無形の資産

お金という有形資産のほかに、「無形の資産」の必要性が重要視されています。無形の資産は、表3のように、長寿化との関係を基準に3つの種類に分けられます。1つの企業で定年まで働いて退職金をもらい、退職後には年金で過ごすという世の中の仕組み、これまでのライフキャリアで当たり前だったことが、そうではなくなります。「自立・自律」の時代に、健康で長生きするのであれば、友人や家族をはじめ、他人との関係をうまく保ち、自分自身の力でキャリアを形成していかなければならないのです。長寿化することによって、目に見える資産（お金）の重要性が高まるとともに、一見、当たり前のように思える無形の資産を得るための力が重要になります。100年人生を生きていくためには、大きな変化を経験し、多くの変身を遂げていかなければなりません。自分自身の考え方や価値観を大切にしていくと同時に、柔軟性をもって世の中に向かっていく必要があるのです。

表3　無形の資産　3つのカテゴリー　（出典：『LIFE SHIFT（ライフ・シフト）』をもとに作成）

| 無形の資産 | 概　　要 |
|---|---|
| ①生産性資本 | ・人が仕事で生産性を高めて成功し、所得を増やすのに役立つ要素<br>・主に、スキルと知識 |
| ②活力資本 | ・肉体的・精神的な健康と幸福のこと<br>・友人関係、パートナーや家族との良好な関係など |
| ③変身資本 | ・自分についてよく知っていること<br>・多様性に富んだ人的ネットワークをもっていること<br>・新しい経験に対して開かれた姿勢をもっていることなど |

## 4 仕事への意識

### (1) 社会人基礎力

それでは、このような新たなマルチステージの時代に必要とされる生産性資本とはなんでしょうか。どのような能力をどのように磨いていけばいいのでしょうか。

経済産業省は、職場や地域社会で多様な人々と仕事をしていくために必要な基礎的な力を、「社会人基礎力（3つの能力／12の能力要素）」と定義しています。

これに加え、「人生100年時代の社会人基礎力」は、「これまでよりも長くなる企業・組織・社会との関わりの中で、ライフステージの各段階で活躍し続けるために求められる力」と定義されました。人生100年時代の社会人基礎力を発揮するには、社会人基礎力の3つの能力と12の能力要素を基盤とした上で、「何を学ぶか」「どのように学ぶか」「どう活躍するか」という視点で、自分自身を振り返りながら、自らキャリアを切り拓いていくことが必要になるのです。

### (2) 社会人としての基盤能力を高める

社会人基礎力の3つの能力は、次の通りです。

①前に踏み出す力（アクション）…一歩前に踏み出し、失敗しても粘り強く取り組む力
・指示待ちにならず、一人称で物事を捉え、自ら行動できるようになることが求められています。

②考え抜く力（シンキング）…疑問をもち、考え抜く力
・論理的に答えを出すこと以上に、自ら課題提起し、解決のためのシナリオを描く、自律的な思考力が求められています。

③チームで働く力（チームワーク）…多様な人々とともに、目標に向けて協力する力
・グループ内の協調性だけに留まらず、多様な人々とのつながりや協働を生み出す力が求められています。

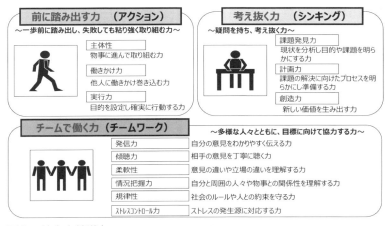

図3　社会人基礎力　（出典：経済産業省HP）

以上の3能力の中に分類されている12の能力要素も図3に書かれています。自分らしく働き、自らの能力を発揮するための基盤の強化が、より一層必要になっています。

これに加えて、「人生100年時代に求められるスキル」をみてみ

第1部 職場のコミュニケーションとビジネスマナー

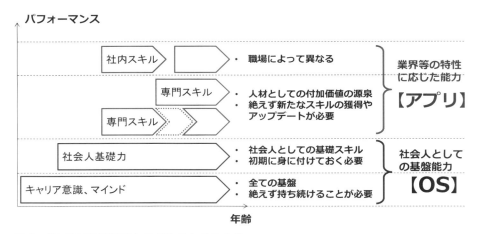

図4 「人生100年時代」に求められるスキル （出典：経済産業省HP）

ましょう。図4のように、人生100年時代の働き手は、「アプリ」と「OS」を常に"アップデート"し続けていくことが求められます。OSとは、パソコンやスマートフォンを動かす基本となるソフトウェアのことですから、これがしっかりしたものでなければ、どんなに優れたアプリでも、うまく機能しません。社会人基礎力はOSの働きをします。したがって、社会人としての基本スキルは、できるだけ早いうちに修得しておく必要があります。

### (3) 経験から学ぶ—仕事を楽しむために

「どのように学ぶか」という視点では、これからは「経験学習」の比重が大きくなるといわれています。図5のように、具体的な経験を振り返り、新たな教訓（知識やスキル）を導き出し、次の場面に適用することが重要です。学生であれば、学外でのインターンシップやボランティア、社会人であれば、職場での経験ばかりでなく地域活動など、私たちは、様々な経験から学びを深めることができるのです。ただ、気を付けなければならないのは、同じような仕事をしても、そこから多くのことを学ぶことができる人と、そうでない人がいることです。適切な「思い」と「つながり」を大切にし、「挑戦し、振り返り、楽しみながら」仕事をするとき、経験から多くのことを学ぶことができるのです。

経験から学ぶためには、次の3つの力が重要です。

① 挑戦する力
② 振り返る力
③ 楽しむ力

高い目標を設定し挑戦する力、適切に経験を振り返

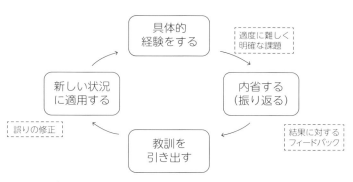

図5 経験学習サイクル （出典：『「経験学習」入門』をもとに作成）

る力。しかし、その繰り返しだけでは、いつしか燃え尽きてしまうかもしれません。2つの力に加え、やりがいや楽しさを見い出す力が必要になるのです。

また、自分の労働価値をもとに、インターンシップ先を探したり、日頃から取り組んでいる事柄についても、学びにつながるように意識してみたりすることも、貴重な経験学習につながるでしょう。

## ✎ 確認問題

1．「現在の私」について、下線箇所に書いてみてください。
 (1) 私は、＿＿＿＿＿＿＿＿＿＿が得意（趣味・特技など）です。
 (2) 私は、＿＿＿＿＿＿＿＿＿＿が得意（科目・資格など）です。
 (3) 私は、＿＿＿＿＿＿＿＿＿＿を継続しています。
 (4) 私は、＿＿＿＿＿＿＿＿＿＿を身に付けたいと思います。
 (5) 10年後の私は、＿＿＿＿＿＿＿＿＿＿していると思います。

2．自分にとって大切だと思う「労働価値」を下の表から5つ選び、その理由も簡単に書いてください。
 (1) ＿＿＿＿＿＿〔理由〕＿＿＿＿＿＿＿＿＿＿＿＿＿＿＿＿＿＿
 (2) ＿＿＿＿＿＿〔理由〕＿＿＿＿＿＿＿＿＿＿＿＿＿＿＿＿＿＿
 (3) ＿＿＿＿＿＿〔理由〕＿＿＿＿＿＿＿＿＿＿＿＿＿＿＿＿＿＿
 (4) ＿＿＿＿＿＿〔理由〕＿＿＿＿＿＿＿＿＿＿＿＿＿＿＿＿＿＿
 (5) ＿＿＿＿＿＿〔理由〕＿＿＿＿＿＿＿＿＿＿＿＿＿＿＿＿＿＿

〈14の労働価値〉

| 14の労働価値 | 働く場面のイメージ |
| --- | --- |
| ①能力の活用 | 自分の能力を発揮できる。 |
| ②達成 | 良い結果に結び付く仕事ができる。 |
| ③美的追求 | 美しいものを創り出せる。 |
| ④愛他性 | 人の役に立てる。 |
| ⑤自律性 | 他からの命令や束縛を受けず、自分のペースで働くことができる。 |
| ⑥創造性 | 新しいものや考えを創り出せる。 |
| ⑦経済的報酬 | たくさんのお金を稼ぎ、高水準の生活を送ることができる。 |
| ⑧ライフスタイル | 自分の望むような生活（仕事と家庭・プライベート）を送ることができる。 |
| ⑨身体的活動 | 身体を動かす機会をもてる。 |
| ⑩社会的評価 | 社会に広く仕事の成果を認めてもらえる。 |
| ⑪冒険性 | わくわくするような体験や、困難を乗り越えて成功できる。 |
| ⑫社会的交流性 | いろいろな人と接点をもちながら仕事ができる。 |
| ⑬多様性 | 多様な活動ができる。 |
| ⑭環境 | 心地よい環境で仕事ができる。 |

# 職場のコミュニケーション

## 本章のポイント

　職場でかかわる人たちとのコミュニケーションを通し、良好な人間関係を築いていくことは、社会人として最も重要なスキルの1つです。この章では、コミュニケーションの基本について、言語・非言語の両面から、対人コミュニケーションの方法を学びます。また、敬語表現の知識と活用について理解を深め、縦社会におけるマナーを心得たコミュニケーションができるよう、敬語のスキルを向上させます。

## 1　コミュニケーションの基本

　ビジネス社会では、様々な職位・年代・役割の人たちが仕事に携わっています。私たちは、それらの人たちと、日々、コミュニケーションをとりながら仕事をしています。では、コミュニケーションとはどのようなことなのでしょうか。

　まず、コミュニケーションの類型をみると、①個人内コミュニケーション、②対人コミュニケーション、③小集団コミュニケーション、④パブリック・コミュニケーション、⑤マスコミュニケーションの5つに分類されています。

　一般的に私たちが人間関係においてコミュニケーションという場合は「対人コミュニケーション」を指し、この章では、これを中心に学びます。

　対人コミュニケーションでは、メッセージの伝達手段によって、言語を用いる「言語コミュニケーション（バーバル・コミュニケーション《verbal communication》）」と、表情やジェスチャーなどの言語以外の手段を用いる「非言語コミュニケーション（ノンバーバル・コミュニケーション《nonverbal communication》）に大きく分けることができます。

　言語コミュニケーションは言語そのものだけですが、非言語コミュニケーションは次の5つに分けられます。

　A．言語（バーバル）コミュニケーション：言語（発言の内容・意味）
　B．非言語（ノンバーバル）コミュニケーション：
　　①　周辺言語（パラ・ランゲージ）…声の高低、話す速度・アクセント、タイミングなど
　　②　身体言語（ボディ・ランゲージ）…視線、表情、姿勢、ジェスチャーなど

③ 空間行動…対人距離・位置など
④ 人工物…服装、髪型、眼鏡、化粧、アクセサリーなど
⑤ 物理的環境…室内装飾、照明、温度、騒音、音楽など

ここでは、私たちのコミュニケーションに影響の大きい次の3種類について学びます。

① 周辺言語（パラ・ランゲージ）

周辺言語（パラ・ランゲージ《para language》）とは、話す言葉に加わる音声上の特徴です。同じ内容の話を伝えたとしても、それがどのような声の高低・強弱、話す速度、抑揚、アクセント（方言、若者言葉）、声の質（笑い声、暗い声、かすれ声）で話されたのかによって、相手の受けとめ方が変わってきます。また、話と話の間に入れる「間の取り方」や、話をするタイミングなども周辺言語の大切な要素となります。

例えば、「誠に申し訳ございません」と敬語表現を用いても、一本調子に話すだけでは「申し訳ない」という気持ちが相手には伝わりません。声の高低・強弱に気を付けながら、話す速度にも注意を払い、「申し訳ない」の部分にアクセントを置きながら話さなければならないのです。言葉に表情を付けるような気持ちで話すことが大切です。

② 身体言語（視線・表情・姿勢・動作）

身体言語の中では、視線、表情、姿勢、動作（ジェスチャー・しぐさ）が、大きな影響力をもっています。

相手と「視線」を合わせてアイコンタクトをとることは、相手への注目や好意を表現する際に欠かせないものですが、使い方によっては誤解を招くことがあります。相手に向き合わず、横目づかい、上目づかい、上から見下ろすなどの目の動きをすると、反対に疑心・自信のなさ・横柄というように受け止められてしまいます。

「表情」の中で、「笑顔」は相手への好意を生み出します。にこやかな笑顔は、誠実さや温かい人柄というメッセージも発信するのです。対人関係における行動には、近づくと遠ざかる、受け入れると拒む、和むとこわばるという3つの基本軸があります。笑顔には、この3つの基本軸をすべてプラスへと導く働きがあります。

「姿勢」には、身体の向きが正面か斜めか、身体の傾斜が前に傾いている前傾と、後ろに反り返っている後傾に分けられます。相手に身体の正面を向ければ、誠実・正直という印象を与え、身体を斜めに向けると、その反対の印象を与えます。また、前傾の姿勢は、相手に対して、謙虚である、好意がある、というメッセージを発信します。

ジェスチャーやしぐさなどの「動作」は、話の内容を補ったり、会話を豊かにしたりするための非言語コミュニケーションであり、重要な役割を果たしますので、マイナスイメージを与える動作にも注意しなければなりません。腕組みや足組みは、相手との間の障害物になります。指し示す指も、人差し指を使うと命令的に見えます。指し示す場合は、手の平を相手に向け5本指を揃えると丁寧に見えます。ネクタイや洋服をいじる、ポケットに手を入れたまま話す、顔や髪を触るなど、自分の癖を確認しましょう。

### ③ 空間行動（対人距離・位置）

空間行動における「対人距離」や「位置」も、対人コミュニケーションの大切な要素です。

対人距離は、相手との関係や状況に応じて距離をとることです。これは相手との関係によって多少異なりますが、一般的には次のように分けられています。

| | |
|---|---|
| 密接距離<br>（0m〜約0.5m） | 恋人同士や母親と小さな子どもといった特別な関係にある、きわめて親しい人同士で許される距離。普通の人間関係では入り込んではいけない距離。 |
| 個体距離<br>（約0.5m〜約1m） | 小声で話をしたり、手を伸ばせば相手に触れることのできる距離。もっと親しくなりたいと思う人に対してこの距離で話すと効果的。 |
| 社会距離<br>（約1m〜約3.5m） | 仕事上の付き合いやそれほど親しくない人同士で使われる距離。儀礼的なやりとりをするときに使う。 |
| 公衆距離<br>（約3.5m以上） | 個人的な関係を作ることが難しい、ほとんど無関係の距離。 |

親しくなるためには、自分から相手に近づいていかなければなりませんが、双方の立場や関係によっては警戒されるなど逆効果になる場合がありますので注意が必要です。

立つ位置や座る位置についても、自分がとるべき位置を知ることが大切です。職業社会は縦社会です。縦社会とは、人間関係に上と下が存在する社会のことです。年齢、キャリア、地位・職位、社内外により必ず上下があります。常に相手を認め、敬うことを忘れないように接することは、相手に好感を与え、好ましい人間関係の土台となります。

上座と下座の原則は、上と下では「上」が上座、人の前と後ろでは「前」が上座、先と後では「先」が上座、真ん中と端では「真ん中」が上座、出入り口や通路に近いところと遠いところでは「遠いところ」が上座、などをしっかりと覚え、常に自分の位置を確認することが大切です。

これらの距離や位置を上手に使い、相手に対する敬意を表現したり、親交を深めたりして、相手との適切な関係を築いていきましょう。

## 2　身だしなみと挨拶

### (1) 身だしなみ

身だしなみを整えることは自分自身の気持ちを整えることでもあり、仕事に対する誠実な姿勢を示すことにもつながります。社内外の人たちとの信頼関係やコミュニケーションをとる上でも重要な要素ですので、次の項目チェックをしましょう。

| 身だしなみチェックリスト | | |
|---|---|---|
| | 女性 | 男性 |
| 髪 | ✓手入れが行き届いているか | |
| | ✓色、ヘアスタイルが奇抜すぎないか | |
| | ✓前髪で顔を隠していないか | |
| | ✓長い髪は束ねてあるか | ✓フケを付けたままにしていないか |
| 顔 | ✓肌の手入れができているか | |
| | ✓歯を清潔にしているか、口臭はないか | |
| | ✓自然な化粧をしているか | ✓ヒゲはきれいに剃れているか |
| 服 | ✓着ている服は型崩れしていないか | |
| | ✓制服がない場合は、動きやすい服にしているか、名札は所定の位置に付けているか | |
| | ✓ストッキングは伝線していないか | ✓ネクタイは曲がっていないか |
| 爪 | ✓ことさらに伸ばしていないか、小指の爪だけ伸ばしていないか | |
| | ✓爪のおしゃれは職場にふさわしいものか | ✓爪の間に垢が付いていないか |
| 靴 | ✓歩きやすいものか | |
| | ✓きれいに磨かれているか | |
| | ✓靴音を大きく立てて歩いていないか | |

## （2）挨拶

挨拶はコミュニケーションの基本と考えてください。人との出会いは、「挨拶に始まり、挨拶に終わる」のです。挨拶をしなければ仕事の本題に入れません。常に相手とのコミュニケーションの入り口と考え、挨拶上手を目指しましょう。

〈お辞儀〉

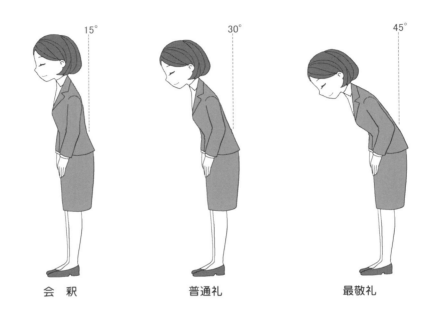

会　釈　　　普通礼　　　最敬礼

# 3　言葉づかい

## （1）言葉づかいの重要性

職業社会では、年代、地位・役割などの異なる様々な人たちが仕事にかかわっています。私たちは、自分の意思を言葉に託して相手に伝えています。「心遣い」が他人に対する心配りであるように、「言葉遣い」も自分の心を表す手段として、他人に気づかいながら言葉を用いるのです。また、職位・職務年数・年齢差などによる上下関係によって表現方法が変わることや、日本の文化が継承してきた日本人特有の言語表現も存在することを念頭に置き、正しい言葉づかいを身に付けていきたいものです。

## （2）日本語特有の言語表現

日本語には、敬語以外に言語文化として継承してきたものがあります。一般的には、クッション言葉といわれています。これらは「相手の気持ちを和らげる表現、相手との距離を縮める表現」と理解してください。特に仕事の場面では、次のような言葉を添えてから、内容を話す場合が多いのです。

（例）・相手に尋ねる場合：「失礼ですが」「お差し支えなければ」
　　　・相手にお願いする場合：「恐れ入りますが」「恐縮ですが」「お手数ですが」
　　　・相手の期待に添えない場合：「申し訳ございませんが」「あいにく」

　また、反対意見をそのまま言わないのも日本人の表現方法の特徴です。反対意見を述べる場合には、相手の意見を尊重した上で自分の意見を述べるのが日本人の特性といえるでしょう。

### （3）依頼のときに用いる表現

　依頼の際には、「恐れ入りますが」「お手数ですが」というクッション言葉を添える方法だけでなく、次のような表現も身に付けたいものです。

（例）・「少々、お待ちいただけますでしょうか」
　　　・「少々、お待ちいただけませんでしょうか」

　「いただけますでしょうか」「いただけませんでしょうか」と疑問形にすることによって、相手の意見を優先する姿勢や相手に選んでもらう姿勢を表します。「少々お待ちください」という表現だけでなく、「お待ちいただけます（せん）でしょうか」と疑問の形で依頼する表現も覚えておきましょう。

### （4）断わるときに用いる表現

　相手に断わらなければならない場面が生じます。「できません」「応じられません」という否定形で断るよりも、「いたしかねます」「応じかねます」と肯定形を用いることにより婉曲（えんきょく）に表現することができ、否定的なイメージがやわらぎます。

（例）・「私どもとしましては、お引き受けいたしかねます」
　　　・「誠に申し訳ございませんが、ご注文には応じかねます」

　さらに、最初にクッション言葉を添えると、「謝りながら、遠回しに断らざるを得なかったのだな」と相手が納得せざるを得ない表現へと変化するのです。

### （5）若者言葉

　若者が日常的に用いている言葉は、ビジネス社会では通用しないものと考えなければなりません。アルバイトをしている若者が用いる言葉で、例えば、「千円からお預かりします」や、「こちらカレーライスになります」という用い方なども問題視されています。正しい言葉づかいを学び、身に付けたいものです。

## 4　敬語

日本語には、上下関係や人間関係を表現するものとして「敬語」が存在します。社会に出る前に必ず身に付けておかなければならないものです。社会人の必須スキルとして、正しい敬語を身に付けましょう。

### (1) 敬語の5分類

次の表に示すものは、現在、文化庁が定めている敬語の5分類です。

| 5分類 | | 例 |
|---|---|---|
| ①尊敬語 | 相手側または第三者の行為・ものごと・状態などについて、その人を立てて述べるもの | おいでになる<br>おっしゃる |
| ②謙譲語Ⅰ | 相手を立てるために、自分側の行為・ものごと・状態などを低めて述べるもの | 伺う<br>申し上げる |
| ③謙譲語Ⅱ（丁重語） | 立てる対象がなくても、自分の行為・ものごとを謙虚に述べるもの | 参る、申す<br>いたす、おる |
| ④丁寧語 | 相手に対して丁寧に述べるもの | です、ございます |
| ⑤美化語 | ものごとを美化して述べるもの | お食事、お祝い |

#### ①　尊敬語

相手を含め、会話の話題になっている人の行為・ものごと、状態などについて、その人に対する敬意を表します。基本的に、社外の人には尊敬語を使います。また、社内の会話では、誰と誰のことを話しているのかを常に意識して尊敬語を使います。図1のように、自分が階段の一番下にいると考え、相手との距離を考えてみましょう。その距離によって、使う敬語が変わることがあります。相手との距離を考えて敬意の度合いが高い言い方、低い言い方があります。それらを適切に使うことで、適切な人間関係を保つことができます。

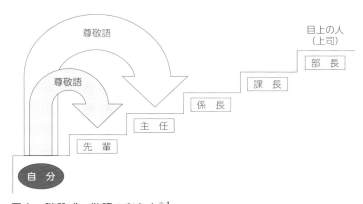

図1　階段式　敬語の考え方[※1]

◆敬意の度合いが高い例：「お（ご）〜になる」型
（例）・（社内で部長が社長のことを言う）社長がおいでになりました。
　　　・（社外の人に尋ねる）○○社長はご出席になりますか？
　　　・（上司の家族に上司のことを言う）部長はお出かけになりました。
◆敬意の度合いが低い例：「れる、られる」型
（例）・先輩が来られました。
　　　・課長は出かけられました。
　また、尊敬語には次のような使い方もあります。
◆恩恵を受ける場合の例：「お（ご）〜くださる」型
（例）・こちらは、部長がお持ちくださった品です。
◆相手の所属するものに「お（ご）」をつける例
（例）・お名刺、お荷物、お名前、お宅
◆相手の状態に「お（ご）」をつけることで敬意を表す例
（例）・お優しい、ご立派、お疲れさま
　②　謙譲語Ⅰ
　自分から相手、あるいは第三者に向かう行為・ものごと・状態などについて、向う側の人を立てて使う言葉です。自分の位置を低くする（へりくだる）ことで、相手を立てる表現です。
◆自分の行為に対して使う例：私がご案内します。「お（ご）〜する」
◆自分の行為に対して使う敬意の度合いの高い例：私がご案内いたします。「お（ご）〜いたす」
◆自分の行為に対して使う敬意の度合いの最も高い例：私がご案内申し上げます。「お（ご）〜申し上げる」

　次の図２は、自分の位置を低くする（へりくだる）度合いを示したものです。例えば、「私がコピーをする」→「私がコピーをします」→「私がコピーをいたします」あるいは、「お願いします」→「お願いいたします」→「お願い申します」→「お願い申し上げます」というように、へりくだる度合いが高くなるほど、階段を下がることになり、下がるほど上司との距離ができ、自分がへりくだって上司を高めることになります。

　謙譲語には次のような使い方もあります。
◆「お（ご）〜いただく」として、上位者に対し謙譲の気持ちを表す言い方。
（例）・「ご案内いただく」「ご支援いただく」
◆「〜させていただく」：「〜ていただく」よりも控えめな感じを与えます。
（例）・「報告させていただきます」

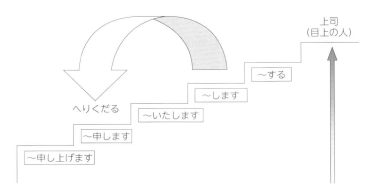

図2　段階式　謙譲語の考え方※2

　　※この言い方については、「させていただく」は「いたす」でよいと、文化庁は示し
　　　ていますが、控え目な気持ちがこもるのでよく使われます。
◆「お（ご）〜願う」は、「お〜いただく」と同種の言い方ですが、比較的新しい用法で、
　謙譲の形をとって、相手や第三者に敬意を示したものです。
（例）・「ご協力願います」
◆「〜てさしあげる／〜てあげる」は、「〜てやる」を謙譲の形にした言い方で、「お（ご）
　〜する」よりも柔らかい感じを与えます。
（例）・「代わってさしあげましょう」「代わってあげる」
◆相手にかかる行為について「お（ご）」をつける例
　・（上司への）ご報告、ご相談、（お客様への）ご説明、ご返事
　③　謙譲語Ⅱ（丁重語）
　立てる相手がいるからではなく、自分の行為やものごとについて、丁重に言うものです。
◆「いたす」「参る」「申す」
（例）・「とりまとめは、私がいたします」「昨日、京都に参りましたら…」「そのことを家
　　　族に申しました」
◆自分に関するものや行為に、「粗」「拙」「弊」「拝」「薄」「寸」「当」「小」「愚」などの
　接頭語を付けて丁重に言いますが、多くは書き言葉に用いられます。
（例）・粗品、拙宅、弊社、拝見、拝受、薄謝、寸志、当方、小社、愚息

〈尊敬語と謙譲語の基本表〉

| 基本語 | 尊敬語（です・ます体） | 謙譲語Ⅰ（です・ます体） |
|---|---|---|
| 行く | お出でになります<br>いらっしゃいます<br>行かれます | 伺います<br>参ります<br>参上します |
| 来る | お出でになります、お越しになります<br>お見えになります、いらっしゃいます<br>みえます、来られます | 参ります<br>参上します |
| いる | いらっしゃいます | おります |
| する | なさいます、されます | いたします |
| 言う | おっしゃいます、言われます | 申します |
| 聞く | お聞きになります、聞かれます | 拝聴します、お聞きします、伺います |
| 見る | ご覧になります、見られます | 拝見します |
| 読む | お読みになります、読まれます | 拝読します、お読みします |
| 食べる | 召し上がります | いただきます |

〈相手側と自分側の言い方〉

| | 相手側 | 自分側 | | 相手側 | 自分側 |
|---|---|---|---|---|---|
| 会社 | 貴社、御社 | 私ども、当社、弊社 | 夫 | ご主人様 | 夫、主人 |
| 呼称 | お客様、○○様 | 私、私ども | 妻 | 奥様、ご令室様 | 妻、家内 |
| 物品 | お品物、お茶 | 粗品、粗茶 | 両親 | ご両親様 | 両親、父母 |
| 考え | ご意見、ご意向、ご高見 | 考え、私見 | 男児 | ご子息 | 息子 |
| 著書 | ご著書 | 拙著 | 女児 | ご息女、お嬢様 | 娘 |
| おじ | 伯父様（親の兄）、<br>叔父様（親の弟） | 伯父<br>叔父 | おば | 伯母様（親の姉）、<br>叔母様（親の妹） | 伯母<br>叔母 |
| 住居 | お宅 | 拙宅 | 家族 | 皆様、ご一同様 | 家族一同 |

## (2) 敬語の誤用

次のような誤用が目立ちますので注意しましょう。ただ、言葉は人間関係の懸け橋ですので、相手が多少間違った表現をしたからといって、それを指摘するような行為はつつしみましょう。

### ① 二重敬語

1つの分節に敬語を重ねることを「二重敬語」といい、使わないほうがよいとされています。しかし、尊敬語では「お召し上がりになる」、謙譲語では「お伺いいたす」「申し伝

える」のように、習慣として定着しているものはビジネス社会では許容されています。

次は二重敬語の例です。→正しく書き直しましょう。

- 先日、お客さまが<u>おっしゃられました</u>ように…。→<u>おっしゃった</u>ように
- お茶を<u>召し上がられました</u>か？→<u>召し上がりました</u>か
- お客さまが<u>おいでになられました</u>。→<u>おいでになりました</u>
- こちらのカタログを<u>ご覧になられて</u>ください。→<u>ご覧になって</u>
- 会議に<u>ご出席されます</u>か？→<u>ご出席になりますか</u>、<u>出席されますか</u>

② 尊敬語と謙譲語の混同

- この件に関しましては、<u>存じ上げていらっしゃる</u>かと思います。→<u>ご存じかと</u>
- 明日は、本社へ<u>参られます</u>か？→<u>いらっしゃいますか</u>
- 本日、<u>伺われた</u>支店の雰囲気はいかがでしたか？→<u>いらっしゃった</u>、<u>行かれた</u>
- お客さまが<u>申されました</u>ように手続きをいたしました。→<u>おっしゃった</u>、<u>言われた</u>
- 出張旅費は、もう<u>いただかれました</u>か？→<u>受け取られましたか</u>
- 祝賀会に<u>お招きしていただきまして</u>、ありがとうございます→<u>お招きいただき</u>…
- そちらの席で少々<u>お待ちしてください</u>→<u>お待ちになってください</u>、<u>お待ちください</u>

## 5　報告・連絡・相談

　報告・連絡・相談は、「ホウ・レン・ソウ」ともいわれ、社会人として不可欠なコミュニケーションです。仕事の区切りには「報告」を行い、円滑な業務を心がけるためには、「連絡」を密にとり、困ったときには「相談」をすることは、仕事の基本といえます。電子メールや携帯電話の普及に伴い、日々のコミュニケーションをメールだけに依存することは危険です。

　メールは、相手の時間を拘束することなく送信できますが、相手の承諾を得ずに一方的に送ることもできます。しかし、相手がすぐにメールを見る環境にいるとは限りません。メールを送ったからといってすべて相手に伝わっているわけではないことを自覚し、迅速に対応しなければならない案件は、実際に会って報告・連絡・相談をすることが大切です。

### (1) 報告・連絡の連動

　職場には、多種多様な業務があります。そのような環境の中で多くの人が協力し、連携しながら仕事をしなければなりません。関係者が常に情報を共有することによって、効率的に仕事を進めていくことができ、失敗なども未然に防ぐことができます。普通、任された仕事の終わりに報告を行いますが、仕事が終わる前に連絡しなくてはならない場合もあります。報告・連絡は、常に連動しながら行う必要があることを覚えておきましょう。

### (2) 報告・連絡の時期

　任された業務の終了報告は速やかにしなければなりませんが、報告を受ける側の状況を判断することを忘れてはいけません。報告する内容にもよりますが、忙しそうにしている

相手に、別段急がない内容のことを報告するのは気が利かないことです。そのためには、報告事項に優先順位を付けて報告することも忘れないようにしましょう。

### (3) 報告・連絡の要領

報告を受ける側が「一番聞きたいことは何か」を整理することが最も大切です。「一番に報告しなければならないことは何か」「今から自分は何を報告しようとしているのか」ということを常に念頭におき、報告する内容を明確にして話の手順を組み立てていきましょう。

#### ① 「全体」から「部分」へ

まず、「全体像」を話すことによって、報告する内容を聞き手にイメージしてもらい予備知識をもってもらうことができます。聞き手にとっては、次に移る「部分」の報告が理解しやすくなるのです。

#### ② 「部分」には「区切りの言葉」を

「全体」を述べてから「部分」の報告に入りますが、「部分」を説明するときは、必ず「区切りの言葉」を付けましょう。「ここから話が変わりますよ」「以下のような話になりますよ」ということを、「まず、次に、最後に」や、「1件目は、2件目は、3件目は」などの言葉を用い、聞き手に次の話題に移ることを予告して、それぞれの部分を説明します。

#### ③ 結論を先に、理由・経過は後から

「結論は先に、理由・経過は後から」と心得ておきましょう。「結論」というのは、聞き手が最も聞きたいことです。聞き手が最も聞きたい結論を最初に報告して、その後、その結論に至った理由や経過を話します。

例えば、取引先へ営業に行った後の報告を上司にする場合、上司が最も聞きたいことは営業結果ですので、一番に「結論」である営業結果を報告することが求められます。営業結果という結論を話した後で、そこに至るまでの理由や経過を説明します。

なお、中間報告の際には、結果を伝えた後で、担当者としての今後の見通しを言い添えておくことも必要です。

#### ④ 「事実」と「意見」や「感想」は区別する

報告の際に、自分が感じ取った意見や感想を混同して報告してしまうと、後で誤解が生じる可能性があるので注意しましょう。「事実」と「意見・感想」は切り離して報告することが大切です。

#### ⑤ メモや補助資料を用意する

報告を受ける側にとっては、口頭だけでなく、メモが用意されていると、よりわかりやすいものになります。内容によっては、数値化されたものを確認できるメモや簡単な一覧表などを使うと、報告の効果を上げます。

## (4) 相談

### ① 問題を抱え込まない

仕事を進めていく上で、疑問や問題などが生じた場合、自分一人で抱え込むと、最初は小さかった問題が大きくなったりこじれたりして、思わぬ事態になるおそれがあります。相談することは恥ずかしいことではありません。一人で抱え込まず、上司や先輩に相談する勇気をもちましょう。

### ② 準備し相談する

「どのような仕事の」「どのようなところに」「どのような問題があるのか」ということを相談する前に整理し、場合によっては、関連する書類や資料も準備します。また、自分では対応策がわからないので相談するわけですが、一方で、「自分ならばどのように対応するか」についても考えておくと、上司や先輩のアドバイスを深く理解できるようになります。

## 確認問題

1．次の「コミュニケーション」中で、正しいものを1つ探してください。
   ①　大きな声で話すことが一番良いと思うので、どのような場面でも大きな声で話している。
   ②　初対面の人には、ワンクッション置く表現（恐れ入りますが～など）を挿入している。
   ③　人と話すときにはアイコンタクトが大切なので、相手の目を見つめている。
   ④　服装は自己表現の1つなので、職場ではその日の気分でショートパンツもはいている。
   ⑤　敬語は、とにかくどのような場面でも尊敬語を使うようにしている。
2．次の敬語表現の中で、正しいものを1つ探してください。
   ①　先日、お客様がおっしゃられましたように～。
   ②　あちらでお客様がお待ちしております。
   ③　○○様は、お着きになりましたか？
   ④　この件に関しましては、存じ上げていらっしゃるかと思いますが～。
   ⑤　本日、伺われたお店の雰囲気はいかがでしたか？
3．次の選択肢の中で正しいものを1つ選んでください。
   ①　報告しなければならないが、緊急事態が起こり、上司は慌ただしく他の案件に取り掛かっているので自分で考えて行動することに決めた。
   ②　問題が生じてしまったが、自分ひとりで考えて、できるところまで頑張ってから上司に相談するつもりだ。
   ③　仕事は終わったが、別の仕事も引き続いて任されているので、2つまとめて報告しようと思っている。
   ④　報告する際には、いつも時系列で話し、結論は最後にまとめて話すようにしている。
   ⑤　報告する際には、「相手が一番聞きたい事は何か」ということを考えて、結論となることを先に、理由や経過は後から話すようにしている。

# 第3章 来客応対と訪問

## 本章のポイント

　来客応対の良し悪しが会社の印象を左右するといっても過言ではありません。来客により良い印象をもってもらうことは信頼関係を築く第一歩になります。また、訪問に際しても心得を身に付けておく必要があります。
　この章では、来客の受付から見送りまでの一連の接遇方法、名刺交換や紹介の仕方、面談、訪問に至るまでの要領と心得を学びます。

## 1　来客応対の基本

　受付は来客が最初に接する場所で、会社の顔であることを意識し応対することが大切です。訪問先は、来客にとって不慣れな場所のため、丁寧な言葉がけを行い、安心して仕事ができるよう真心のこもった応対をしましょう。

### (1) 受付

　来客に気が付いたら、すぐに立ち上がり笑顔で迎えます。来客よりも先に、お迎えの挨拶ができるよう、丁寧に心を込めて応対します。

- ⇒　あいさつ：「いらっしゃいませ」
- ⇒　来客の会社名・氏名の確認：「失礼ですが、お名前を伺ってもよろしいでしょうか」
- ⇒　予約の有無の確認：「恐れ入りますが、お約束はいただいておりましたでしょうか」
- ⇒　予約のお客様：「○○様、お待ちしておりました」
- ⇒　担当者に取り次ぐ：「少々お待ちください」
- ⇒　伝言を聞く：「お差し支えなければ、ご伝言を承ります」
- ⇒　代理人が会う：「同じ課の○○がお話を伺うということで、いかがでしょうか」
- ⇒　後で連絡する：「○○が戻りましたら、こちらからご連絡いたします。恐れ入りますが、ご連絡先を教えていただけませんか」
- ⇒　断る場合：「せっかくおいでいただきましたのに、申し訳ございません。またの機会にお願いできませんか」

### (2) 案内

　来客の一人ひとりに、声かけ・目くばり・気配りを心がけ、案内しましょう。

案内をするときは、「応接室にご案内いたします。どうぞこちらへ」と行き先を伝え、来客の1〜2歩先を歩きます。歩くスピードは来客のペースに合わせ、曲がり角では手全体で目的の方向を指し、声と動作で示します。

## (3) エレベーターで

エレベーター前では、来客より一歩先にボタンを押して待ちます。来客に先に入ってもらうのが基本ですが「お先に失礼します」と一言添えてエレベーターには、先に入ることもあります。

エレベーター内では、来客に背を向けて立つのではなく、乗り合わせた人たちの様子を確認するためにも身体の向きを少し来客側に向けます。エレベーターでの上座・下座は、図7を参考にしてください。

## (4) 階段で

上り階段では来客を先にして案内者は後ろについていく形をとる作法もありますが、「お先に失礼します」と伝え、来客を先導すればよいでしょう。降りるときも案内者が先です。

## (5) 応接室で

予約をした部屋であったとしても、手違いで使用している場合もあるため、必ずノックし、ドアを開け、きれいに片付けられていることを確認した上で、入室するようにします。

・ドアが外開きの場合─手前に大きく引き、ドアを押さえる。先に来客に入ってもらい、案内者は後から入室する。

・ドアが内開きの場合─案内者が先に入室し、片手でドアを押さえ、来客を招き入れる。

応接室では、来客に「こちらにどうぞ」と上座を示し、着席を勧める。「○○（担当者の名前）が参りますので、少々お待ちください」と伝え、静かにドアを閉め、退室します。

## (6) 上座・下座について

来客は上座に掛けていただき、迎え入れる側は下座に掛けます。

基本はドアから遠い方が上座です。しかし、部屋の状況によって変わる場合があります。複数名が掛けられるソファーを上座に設置してあるのが一般的です。次頁の図を参考にしてください。

## (7) 見送り

部屋の前で見送る場合や、エレベーターホールまで見送る場合があります。最も丁寧な見送りは、玄関まで同行し、車ならば車が見えなくなるまで見送ります。こうした見送りとは別に、荷物が多い場合は駐車場まで手を貸すというように対応しましょう。

「こちらで失礼いたします」「どうぞお気を付けてお帰りください」と伝え、エレベーターのドアが閉まるまでお辞儀をするなど、どこであっても相手の姿が見えなくなるまで、その場を離れないようにします。

【来客応対例①　予約があるお客様】

　受付者：いらっしゃいませ。

第1部　職場のコミュニケーションとビジネスマナー

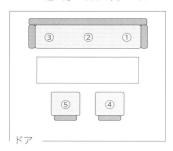

図1　応接室1

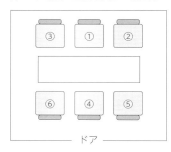

図2　応接室2

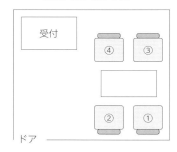

図3　ロビー

図4　上司室

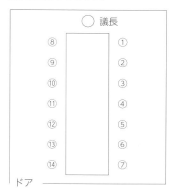

図5　会議室

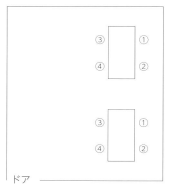

図6　レストラン

図7　エレベーター

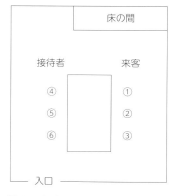

図8　日本間

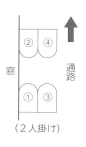

図9　列車

第3章　来客応対と訪問

タクシーや運転手付きの乗用車の場合、基本的には下図のとおり。（だが、日本は左側通行ということで適宜替わることもある）

当事者の誰かが運転する場合、運転手と関係の近い人が助手席にくる。

6人乗り、7人乗りの場合は最後部の座席が乗り降りしにくい、窮屈などの理由で一番低い席次になる。

図10　自動車（社用）

図11　自動車（マイカー）

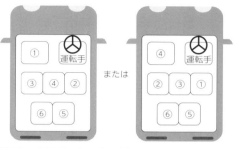
図12　自動車（ワゴン車）

来　客：おはようございます。私、○○会社の中村と申します。
　　　　本日、10時に営業部長の青山様にお約束をいただいているのですが…
受付者：中村様、お待ちしておりました。
　　　　ただ今、青山に連絡をいたしますので、少々お待ちください。
（内線で青山部長に）
受付者：○○（自分の名前）です。
　　　　10時にお約束の○○会社の中村様がいらっしゃいました。
（来客へ）
受付者：ただ今応接室へご案内いたします。どうぞこちらへ。
（応接室にて）
受付者：どうぞこちらにお掛けください（上座を示す）。
　　　　青山が参りますので、少々お待ちください。

【来客応対例②　予約がなく、会社名・氏名を名乗られない場合】
受付者：いらっしゃいませ。
来　客：部長の青山様にお目にかかりたいのですが。
受付者：失礼ですが、どちら様でいらっしゃいますか。
来　客：失礼しました。○○商会の岩井です。（名刺を渡す）
受付者：頂戴いたします。○○商会の岩井様でいらっしゃいますね。お世話になります。
　　　　失礼ですが、本日、お約束はいただいておりましたでしょうか。
来　客：約束はしていないのですが、先日の見積書をお持ちしました。
受付者：ありがとうございます。少々お待ちください。

【来客応対例③　名指し人が不在、代理人への取次ぎ】
受付者：いらっしゃいませ。
来　客：○○会社の鈴木と申します。部長の青山様はいらっしゃいますか。

受付者：○○会社の鈴木様でいらっしゃいますね。いつもお世話になっております。申し訳ございません。青山はただ今外出中でございます。4時過ぎに戻る予定でございますが、いかがいたしましょうか。
来　客：そうですか。では、太田課長様はいらっしゃいますか。
受付者：太田でございますね、少々お待ちください。
（太田課長へ）
受付者：課長、ただいま○○会社の鈴木様が青山部長とのご面会にいらっしゃっているのですが。
　　　　部長は4時過ぎまで外出中とお伝えしましたら、課長にお会いしたいとおっしゃっています。いかがいたしましょうか。
太田課長：そうですか。では、応接室に通してください。
受付者：かしこまりました。
（来客へ）
受付者：鈴木様、お待たせいたしました。太田がお目にかかります。ただいま応接室にご案内いたします。こちらへどうぞ。

## 2　茶菓の接待

　来客を応接室へ案内した後は、お茶を出します。会議中の緊張感を和らげるなどの効果があり、来客を大切に思う気持ちを、一杯のお茶に込めたいものです。

### (1) サービスの仕方

　不意の来客であってもすぐにサービスができるよう、日頃からの準備が必要です。茶渋がついた湯のみ茶碗をきれいに洗う、欠けた茶碗は処分しておく、清潔なフキンを用意するなど、すぐにお茶を出すことができるようにしておきます。

〈茶菓接待の方法〉
・お盆は、左胸辺りの位置で持つ（息のかからない位置）。
・応接室のドアをノックして入室、正面を向いて挨拶をする（小声で「失礼します」）。
・サイドテーブルにお盆をおいて、茶碗と茶托をセットする。
・茶碗の糸底をよく拭いて茶托にのせる。清潔なフキンを一緒に持っていくと、こぼしてしまったときすぐに拭くことができる。
・茶碗の絵柄を正面にして、茶托の木目模様は横になるようにする。
・コーヒー、紅茶カップの持ち手の向きは左右どちらでもよいが、複数個出すときは、いずれかに統一して出す。スプーンは手前に置く。
・お茶だけを出すときは、左右どちらから出してもよい。出すときは、「どうぞ」と声をかける。どうしても前から出さなければならない場合は、「前から失礼します」と言って出す。いずれの場合も、両手で扱い、テーブルの端から10センチ位離れた

〔A〕1つ模様　　〔B〕総柄　　　〔C〕持ち手とスプーン

〔A〕
来客の前に主な模様（1つ模様）と茶碗の中の模様とが向くようにする。

〔B〕
総柄模様は来客の前にはどこを向けてもよい。

〔C〕
コーヒーの持ち手は右にするのが一般的であるが、どちらでもよい。

**図13　茶碗の絵柄とコーヒーカップ**

位置に出す。
- サイドテーブルのない応接室の場合には、下座辺りにお盆を置き、両手で出すようにする。人数が多い会議等では、片手で速やかに出す方がよい。

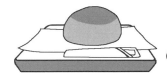

**図14　お茶とお菓子の置き方**

- お茶を出す順番は、上座にいる来客から先に出し、社内の者には最後に出すようにする。
- 菓子を出す場合は、菓子を先に出し、その後、お茶を菓子の右に置くようにする。
- テーブルの上の書類に触れないようにする。いっぱいに広げられているときは、「失礼します」と声をかけ、書類を寄せてもらうようにする。
- 長時間にわたる場合は様子を見て、まず先の茶碗を引いてから新しいお茶を出すようにする。
- 出し終わったら、盆を左脇にかかえて会釈をしてから退室する。

### (2) その他の注意

会合が食事時におよぶ際は、出前をとってもてなすこともあります。ランチミーティングなど、あらかじめ弁当などを頼み、準備することもあります。社外のレストランで食事をするよりも時間も経費も節約でき、来客にとっても、もてなす側にとっても好都合なことが多いためです。お茶と同様に心を込めたサービスをしましょう。

## 3　名刺の扱い方

名刺は、仕事をする上での必需品の1つです。名刺は自分の分身であるように、相手の名刺はその方の分身であると心得ます。いただいた名刺は、両手で受け取り、胸のあたりで持つなど丁寧に扱います。

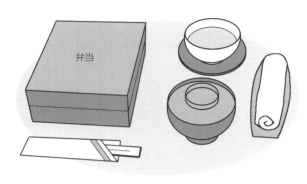

弁当のごはんが正面にくるように置く　　　　バランが正面を向くように置く

**図15　配膳例**

## (1) 名刺の受け方

　立ち上がって指を揃え、両手でいただくのが基本です。いただいた名刺は胸から下におろさないように丁寧に持ち、名前を確認します。名刺に書かれている会社名や名前に指がかからないように注意しましょう。

　⇒名刺をいただく：「頂戴いたします」「お預かりいたします」
　⇒名前が読めない場合：「失礼ですが、何とお読みしたらよろしいでしょうか」
　　確かめた後：「失礼いたしました（ありがとうございます）。○○様でいらっしゃいますね」

## (2) 名刺の交換

　一般的には下座の辺りで行います。テーブル越しにならない場所まで移動します。胸の高さに名刺を持ち、相手の目を見て自分の社名と名前を伝えます。

　⇒渡すとき：「（はじめまして。）私、○○会社の○○と申します。どうぞよろしくお願いいたします」（軽く頭を下げ、両手で相手に渡す）
　⇒いただくとき：「頂戴いたします」（胸の高さで受け取る）

**図16　名刺の受け方**

　⇒確認：「○○会社の○○様でいらっしゃいますね。よろしくお願いいたします。」

### ① 同時交換

　互いに名刺を持っている場合は、訪問者から先に名乗ります。自分の名刺を右手で差し出し、同時に相手が持っている名刺を左手で受け取ります。自分の名刺を渡し終えたら、すぐに右手を受け取った相手の名刺に添えて、両手で持ち直します。名刺を渡す際には相

手が差し出した名刺よりも、自分の名刺を少し下げて差し出すと、謙虚さが伝わるでしょう。いただいた名刺を胸のあたりに持ち、名前などを確認し、挨拶をします。

② 複数の名刺交換

相手もこちらも複数人の場合、名刺交換は図18のように行います。相手が話しているときや他の人が交換しているときは、名刺を胸のあたりに持ったまま待っているようにします。

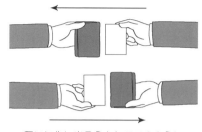

互いに先に出そうとしてこのようになることもある。

図17　名刺の同時交換

〈名刺交換の留意点〉

・原則として、目下の者が先に渡す。
・他社を訪問したら、訪問した者が先に渡す。
・紹介者がいる場合は、紹介された順番に渡す。
・何人かで訪問したら、受付では代表者だけが渡せばよい。
・紹介状を持っているときは、紹介状と一緒に渡す。
・いただいた名刺は途中で名前を忘れないように、用談が終わるまで、座順に名刺を並べてテーブルの上に置くとよい。最上位の方の名刺を自分の名刺入れの上に乗せる。
・帰社したら、会った日時、場所、用件、印象などをメモしておくと、次回会うときの話題づくりにもなる。

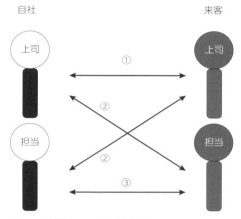

図18　複数人での名刺交換

〈名刺扱いのタブー〉

・相手を前にして、自分の名刺を探し回す。
・ポケット、定期券入れ、財布から取り出す。
・折れた名刺、汚れた名刺を渡す。
・座ったまま名刺の受け渡しをする。
・途中で名前を忘れて、名刺入れを覗く。
・話しながらもらった名刺をいじる。
・受け取った名刺を、その場に置き忘れる。

## 4　紹介の仕方

　お客様を社内の人に紹介する、あるいは家族を会社の人に紹介するなど、紹介にはいろいろな状況があります。紹介は基本的に目下を先に目上を後に紹介します。地位や立場が上位とされる人に、先に相手を知ってもらうことが紹介の原則です。

　社内の人を社外のお客様に紹介する際は、上司に対して敬語は必要ありません。例えば「青山部長です」ではなく、「部長の青山でございます」とします。

　紹介を受けるときは、立ちあがり、紹介が終わったら挨拶や名刺交換をします。

◆社内の人を先に紹介し、社外の人を後に紹介する。
（例）自社の青山営業部長と取引先の〇〇商事株式会社山川営業本部長
　「山川様、こちらが営業部長の青山でございます」
　「部長、こちらが〇〇商事株式会社営業本部長の山川様でいらっしゃいます」

◆地位が下の人を先に紹介し、地位が上の人を後で紹介する。
（例）青山部長と新入社員の山下さん
　「青山部長、こちらが新入社員の山下さんです」
　「山下さん、こちらが青山部長です」

◆家族を先に紹介し、他人を後で紹介する。
◆一人を先に紹介し、複数を後で紹介する。

【名刺と紹介状を預かる】
　受付：いらっしゃいませ。
　来客：お世話になっております。私、ＭＫ株式会社の中山と申します。
　　　　〇〇商事の門山様からご紹介をいただきました。
　　　　小川常務にお会いしたいのですが。
　（名刺と紹介状を預かる）
　受付：お預かりいたします。ＭＫ株式会社の中山様でいらっしゃいますね。
　　　　少々お待ちください。

【紹介から名刺交換】
　紹介者（自社）：山田部長、こちらは部長の青山です。
　　　　　　　　　こちらは日本株式会社営業部部長の山田様です。
　（名刺の同時交換）
　訪問者山田：お世話になっております。私、日本株式会社の山田と申します。どうぞよろしくお願いいたします。
　自社青山：頂戴いたします。私、〇〇会社の青山と申します。こちらこそどうぞよろしくお願いいたします。

## 5　面談の要領

### (1) 面談の準備
　面談前には面談の流れをイメージし、面談に必要な資料や名刺などを準備します。また、会社を代表して面談を行う意識で、身だしなみを整えて臨みましょう。

### (2) 面談中
　挨拶をし、軽い雑談などを交え、用件に入ります。急ぎの用件の場合は「早速ですが」とすぐに用件に入っても構いません。必要に応じて資料を確認し、メモを取りながら、面談を進めます。メモを取りながらも、相手に顔を向け、あいづちを打ちながらしっかり聴きます。質問は相手の話が終わってからします。

　面談での受け答えは、会社を代表する言葉になるので、注意が必要です。判断に迷う場合は、「その件は社内で検討させていただきますので、少々お待ちください」と伝え、上司に相談します。

　時間配分に気を付け、話を進めます。終了時には、面談の要点をまとめ、次回の約束などを取り付けます。

### (3) 面談後
　お客様が帰社したら、お礼の電話やメールを適切なタイミングで行います。いただいた名刺の整理、資料の作成・送付など、面談の確認事項をまとめます。

　上司に面談の結果などを報告し、関係部署内で情報の共有を行います。

## 6　訪問の心得

　お客様への訪問は、自分が会社の代表であるという意識をもち、面談者にだけでなく、相手の会社の受付や社内で会った方々に挨拶をしましょう。

### (1) 訪問の準備
　①　アポイントメント（訪問の予約）をとる

　突然の訪問は失礼にあたります。できる限りアポイントメントを取ってから出かけます。

　先方に訪問の目的、所要時間、人数などを伝えて都合を尋ね、都合が合わない場合は代案を出して調整します。

　訪問の約束をかなり前に取り付けていた場合には、前日に先方に再確認をするとよいでしょう。

　②　訪問先について調べる

　所在地を確認し、交通機関や訪問先までの所要時間を調べ、余裕をもって到着するようにします。時間の余裕が心の余裕を生みます。

　緊急時にも連絡が取れるように、電話番号、相手の所属部署、氏名や内線番号をメモして出かけるとよいでしょう。

### ③ 持ち物

持参する書類、カタログ、サンプル、名刺（少し多めに）、手帳、パソコン、ＵＳＢメモリなど忘れ物がないよう確認します。

### ④ 手土産

相談や依頼事、あるいはお詫びで訪問するときは、手土産を持参するのが一般的です。個人的な趣味で持参するものではなく、相手先の状況も考慮し、判断に迷う場合は上司と相談して決めます。

差し出す際は、紙袋から出し「いつもお世話になります。皆様で召し上がってください」など、一言添えます。ただ、ビジネスの場では相手の状況に応じて紙袋のまま渡す場合もあります。

手土産は、一般的には訪問して挨拶したときに渡しますが、相談や依頼事のときは、退室するときに控えめに出すことがあります。出すタイミングも、その場の状況に合わせて行いましょう。

## (2) 訪問先での心得

### ① 時間厳守

約束の５分程前に受付に到着します。遅刻は厳禁ですが、早すぎても前の面談が終わっていない場合もあるので、気を付けましょう。到着が早すぎた場合は、訪問先の近くで時間調整をするとよいでしょう。

約束の時間に遅れそうなときは、そのことがわかった時点ですぐ連絡をします。遅れることを謝罪し、事情を簡潔に、さらに何分くらい遅れるのかを伝えます。

### ② 先方の受付で

コートを着ている場合は、入口で脱いで受付に向かいます。

会社名と氏名を名乗りながら名刺を差し出し、どの部署の誰に会いたいのか、約束の有無などを伝えて取り次いでもらいます。

最近では受付に人を置かず、内線電話が置いてある会社が多いので、その場合は、電話を使います。

→「○○社の○○と申します。お世話になっております。○○部の○○様と○時のお約束をいたしております。お取り次ぎをお願いいたします」

## (3) 応接室でのマナー

### ① どこの席に座るか

案内者が席を指定しなかったら下座に掛けて待ちます。「こちらにどうぞ」と上座を勧められたら、勧められた椅子に移動します。椅子に掛けます。

カバンは隣の椅子が空いていてもそこには置かず、自分の足元に置きます。コートや上着は軽くたたみ、カバンの上に乗せるか椅子と背中の間に置きます。

② 担当者が入ってきたら

　立ち上がって丁寧に挨拶をし、初対面なら名刺交換をします。そのあと「どうぞ」と掛けるように勧められてから着席します。

③ 退出するとき

　面談は、約束の時間内に済ませることが大切です。雑談はだらだらと続けず、話の切れ目を見計らい「そろそろ失礼いたします」と面談を切り上げます。立ち上がり「本日はお忙しいところありがとうございました。失礼いたします」と丁寧に挨拶をして退出します。コートは建物を出てから着ます。

## 確認問題

1．案内者・来客役を決め、来客応対のやり取りを練習しましょう。
   ① 予約客を応接室へ案内する。
   ② 不意の来客で、名指し人（青山部長）は会議中、伝言を預かる。
   ③ 不意の来客で、名指し人（青山部長）は外出中、代わりに太田課長へ取り次ぐ。
2．自分用の名刺を作成し、名刺交換を練習しましょう。
   ① 受付で、名刺を渡す。
   ② いただいた名刺の名前の読み方がわからないときに名前を尋ねる。
   ③ 互いに名刺交換を行う。
3．次のやり取りについて、（　）の中には言葉を入れ、選択肢には正しいほうに○を付けてください。
   ① 応接室へ案内するまでの廊下では（　　　）が先を歩く。
   ② エレベーターに乗るとき、案内者は（　先・来客の後　）に入る。
   ③ 応接室のドアが外開きだったので、（　来客・案内者　）が先に入室した。
   ④ お茶を応接室まで運ぶ際には、茶碗と茶托を（　別々に・セットして　）運ぶ。
   ⑤ 応接室での上座は一般的には（　入り口に近い席・入り口から遠い席　）である。
   ⑥ お茶を面談中の来客に出すとき、机に書類が広がっていた場合、「（　　　）」と言ってお茶を出す。
   ⑦ お茶とお菓子を出すときは（　　　）を先に出し、（　　　）は後に出す。
   ⑧ 応接室に案内されたとき、座席の指定がなかった場合（　上座・下座　）に座って待つ。
   ⑨ 名刺の受け渡しは（　　　）の高さで行う。
   ⑩ 自社の部長と来客を紹介する場合は（　自社の部長・来客　）を先に紹介する。
4．次の条件でそれぞれ座るべき席は、どこでしょうか。
   来客：T社・A部長　B課長　　　　自社：X部長　Y課長

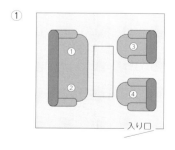

# 第4章 電話応対

## 本章のポイント

　仕事を進める上での連絡手段として、メールでのやり取りが増えていますが、文章だけでは表現しにくい微妙な心情の交換ができること、即時性があることなど、電話が果たす役割には大きなものがあり、有効に使いこなす必要があります。一方、携帯電話の増加に伴い、固定電話を使う機会が減り、公的な電話に対する苦手意識が強くなっている傾向もあります。
　この章では、電話応対の重要性を十分に理解し、電話の受け方やかけ方の基本を学びます。

## 1　電話応対の基本

　仕事で使う電話は単なる通信手段ではなく、ビジネスコミュニケーション・ツールの1つです。ビジネスコミュニケーションだからこそ、相手に感じよく伝わり、内容の伝達は、正確、簡潔、丁寧に、そして迅速に行わなければなりません。
　また、面接会話と電話会話には大きな違いがあります。それは、①相手が見えないこと、②一方的であること、③有料であることの3つです。
　相手が見えないからこそ、面接会話以上に相手への配慮が求められ、言葉選びや声の大きさ、発音、声の表情など、1本の電話で与える印象が、自分はもちろん、会社の印象や信頼関係にもつながることを心得ておく必要があります。
　面接会話と電話会話の違いを踏まえて、電話応対のポイントをおさえていきましょう。

### (1) 声の印象と話し方

　お互いに相手が見えない電話応対では、相手に与える印象は「声」だけで決まります。人と会うときに身だしなみを整えるのと同じように、声の出し方や話し方に気を配ることが必要です。良い印象をもってもらうためには、まず、第一声から明るい声で話すことが大切です。笑顔になれば自然と声のトーンも上がるので、目の前に相手がいるつもりで、表情を明るく、笑顔で応対します。
　また、電話中はお互いに相手が見えないまま、どちらかが一方的に話します。そのため、聞き手からの反応が話し手に伝わらなければ、聞こえているのか、理解されたのかなど、

話し手は不安な気持ちになります。聞き手のときは、面接会話のときよりも多めにあいづちを打ち、そのあいづちを声に出して相手に伝えることが肝心です。

### (2) 電話中の態度

面接会話と違い、電話中はお互いに相手が見えないため、気の緩んだ態度をとりがちです。しかし、お互いに姿は見えていなくても、態度は声を通じて相手に伝わるものです。電話中に肘をついたり、別の作業をしながら話したり、足を組んだりせず、面接会話と同様に態度にも気を配ります。例えば、相手に感謝やお詫びの気持ちを伝えたいときには、相手からは姿が見えていなくても、お辞儀をしながら話すことで、感謝や誠意の気持ちが声を通して相手に伝わっていきます。

また、相手の話を聞くときも、耳を傾け、相手の声の反応から、こちらが言ったことが理解されているか、会話を続けることができるのかなどを確かめながら話すことも忘れてはなりません。

### (3) 言葉選びと復唱確認

電話は言葉だけのやり取りです。聞き間違えは仕事のミスにつながるため、相手にわかりやすい言葉を選び、まぎらわしい言葉や数字の伝え方には工夫が必要です。特に、会社名や氏名などの漢字を口頭だけで伝えるのは容易ではありません。最低限、自社や自分の氏名などはすぐに説明できるように、あらかじめ伝え方を用意しておきましょう。また、話し手のときはもちろん、聞き手の場合は正確に情報を得るためにも、相手の言葉を復唱し、確認することが重要です。

### (4) 電話機周辺の準備

電話は、いつかかってくるのかわからないため、いつでも感じの良い応対ができるよう、常に準備しておく必要があります。電話器の周りはスッキリとさせ、受話器を取った際に物にあたるようなことがないように注意します。メモ用紙や筆記用具を常備し、すぐにメモが取れるように整えておくことも大切です。また、相手からの問い合わせなどに対して迅速に対応するためにも、自社や自分の連絡先などは把握しておきたいものです。例えば、

**表1 まぎらわしい言葉や数字の伝え方例**

| まぎらわしい言葉や数字 | 伝え方の例 |
| --- | --- |
| ●「私立」と「市立」 | ◎「わたくしりつ」と「いちりつ」 |
| ●「イシダさん」か「ニシダさん」など | ◎イロハの「イ」の「イシダ」 |
| ●明日・明後日など | ◎明日○月○日、明後日○月○日 |
| ●曜日（例：次の金曜日） | ◎○月○日の金曜日 |
| ●時間（例：6時） | ◎午前6時、午後6時または18時 |
| ●「1」「4」「7」 | ◎「いち」「よん」「なな」 |
| ●「4日（よっか）」か「8日（ようか）」 | ◎「よんのひ、よんにち」「はちのひ、はちにち」 |
| ●購入商品「100個（ひゃっこ）」と購入商品「8個（はっこ）」 | ◎購入商品「100点（ひゃくてん）」購入商品「8点（はちてん）」 |

「折り返しご連絡しますので、お電話番号をお教えいただけますか」と言われたとき、「少々お待ちください」などと自社や自分の連絡先もすぐに答えられないようでは、「そんなこともわからないのか」と、相手に不信感を与えてしまいます。代表の電話番号やファックス番号、住所、ホームページアドレス、最寄り駅、自分の連絡先などの基本的な情報は、すぐに答えられるように頭に入れておくか、メモにしてすぐに確認できる場所に貼っておくようにしましょう。さらに、仕事中の電話では社内のほかの人に取り次ぐことも多いため、内線電話の番号一覧表もすぐ確認できる状態にしておくとスムーズに応対できます。電話応対の基本は、迅速かつ正確がポイントであることを念頭に置き、準備を徹底しましょう。

## 2　電話の受け方

### (1) 電話を受けるときのポイント

電話を受けるときの基本的な流れは、次の通りです。

| ①　ベルが鳴ったらすぐに出る |
|---|
| ◆メモを用意する。<br>◆ベルが鳴ってから3回以内に出る。<br>◆受話器は利き手ではない方の手で取る。（利き手には筆記用具） |

| ②　名乗る |
|---|
| ◆会社名、部署名、名前などを名乗る。<br>「はい、○○会社でございます」「はい、○○会社○○部でございます」<br>◆「もしもし」とは言わない。<br>◆午前11時頃までは、「おはようございます、○○会社でございます」のように、朝の挨拶を入れる。<br>◆ベルが3回以上鳴ってから出たときは、「お待たせいたしました。○○会社でございます」のように、クッション言葉を添えてから名乗る。 |

| ③　相手を確認し、挨拶をする |
|---|
| ◆相手が名乗った場合は、「○○会社の○○様でいらっしゃいますね。いつもお世話になっております」のように、相手の所属先と名前を復唱確認し、挨拶をする。<br>◆相手が名乗らなかった場合は、「失礼でございますが、どちらさまでいらっしゃいますか」と、クッション言葉を添え、相手の所属先や名前を尋ね、復唱確認後に挨拶をする。 |

### ④ 用件を聞く

- ◆メモを取りながら相手の用件を聞く。
- ◆聞いた内容は、「○○の件でございますね」のように、復唱確認する。
- ◆自分ではなく、ほかの人を名指しされたときは、「○○でございますね」と、名指し人を確認し、「少々お待ちください」と相手に断ってから保留ボタンを押す。
  ⇒名指しを確認し、「○○会社の○○様から○○の件でお電話です」と言って取り次ぐ。
- ◆自分では応対しかねる内容の場合は、「申し訳ございません。私ではわかりかねますので、担当の者に代わります。しばらくお待ちいただけますか」や「申し訳ございません。私ではわかりかねますので、確認をしまして折り返しご連絡いたしますが、よろしいでしょうか」と伝え、「多分、～だと思います」のような曖昧な応対はしない。

### ⑤ 終わりの挨拶をする

- ◆用件を聞き終わったら、「確かに○○（自分の名前）が承りました」のように、自分の名前を名乗る。
- ◆名乗った後は、「お電話ありがとうございました。失礼いたします」「どうぞよろしくお願いいたします。失礼いたします」のように挨拶をする。

### ⑥ 電話を切る

- ◆相手が電話を切るのを待つ（原則として、電話はかけた方が先に切る）。
- ◆フックを静かに押してから受話器を置く。

### (2)「こんな場合は？」の応対方法

#### ① 名指し人が電話に出られない場合

「大変申し訳ございません」と、お詫びの言葉を述べてから、事情を説明した上で相手に対応方法を提案します。

【例１　電話中の場合】
　「大変申し訳ございません。ただいま○○（名指し人名）はほかの電話に出ております。終わり次第、こちらからお電話を差し上げるよう申し伝えますが、よろしいでしょうか」

【例２　離席中の場合】
　「大変申し訳ございません。あいにく○○（名指し人名）は席を外しております。戻りましたらご連絡を差し上げましょうか」

【例３　会議中の場合】
　「大変申し訳ございません。ただいま○○（名指し人名）は会議中でございます。午

後○時頃に終わる予定でございますが、お急ぎでしょうか」

【例4　外出中の場合】

「大変申し訳ございません。○○（名指し人名）は外出しております。午後○時頃には戻る予定でございますが、いかがいたしましょうか」

【例5　出張中の場合】

「大変申し訳ございません。あいにく○○（名指し人名）は、本日出張しております。○日には戻る予定でございますが、いかがいたしましょうか」

【例6　休暇中の場合】

「大変申し訳ございません。本日、○○（名指し人名）は休暇をとっております。明日には出社する予定でございますが、いかがいたしましょうか」

　上記の対応例以外にも、「お差し支えございませんでしたら、私、○○（自分の名前）がご伝言を承りますが、いかがいたしましょうか」と、伝言を受けたり、「よろしければ、代わりに担当の○○がお話を伺いますが、いかがいたしましょうか」と、ほかの担当者に取り次いで対応してもらう場合もあります。

　また、相手から名指し人の携帯電話の番号を聞かれることもあります。その場合は、「私が○○（名指し人名）に連絡を取りまして、○○様（相手の名前）にご連絡を差し上げるよう伝えますので、恐れ入りますが、お電話番号をお教えいただけませんでしょうか」と、相手の電話番号を聞いて、こちらから電話をするようにします。名指し人の携帯電話の番号を伝えてしまわないように注意しましょう。

② 相手の声が聞き取りにくい場合

「恐れ入りますが」などのクッション言葉を述べてから、聞き取りにくいことを相手に伝えます。

【例1　聞き取れなかった場合】

「恐れ入ります。お電話が少々遠いようですが…」

【例2　声が途切れてしまった場合】

「恐れ入りますが、もう一度おっしゃっていただけませんでしょうか」

【例3　相手の会社名が聞き取れなかった場合】

「失礼でございますが、どちらの○○様（相手の名前）でいらっしゃいますか」

【例4　相手の名前が聞き取れなかった場合】

「失礼でございますが、○○会社のどなたさまでいらっしゃいますか」

【例5　名指し人名が聞き取れなかった場合】

「恐れ入りますが、私どもの誰にお取り次ぎすればよろしいでしょうか」

「え？」「はぁ？」などのように聞き返したり、「もっと大きい声でお願いします」などと頼んだりしないように注意しましょう。

### ③　相手を待たせる場合

　名指し人に取り次ぐときや問い合わせ事項の確認などで相手に待ってもらうことがあります。相手を待たせるときは「ただいま確認いたしますので、少々お待ちください」と言い、保留ボタンを押します。送話口を手でふさいでいても、相手にこちらの会話が漏れ伝わってしまうため、少しの時間であっても必ず保留ボタンを押す必要があります。

　長く待たせる場合は、保留途中でも一度電話に出て、待ってもらえるかどうかを確認します。その際は、おおよその所要時間を伝え、相手の意向を聞きます。電話は通話料がかかっているということを忘れず、待ち時間が長くなるときは、改めてこちらからかけ直すことを提案します。その場合は、相手の都合の良い時間を確認しておきましょう。

### ④　間違い電話の場合

　間違い電話がかかってきたときは、「こちらは○○会社でございます。失礼でございますが、どちらにおかけでしょうか」と言います。間違い電話だからといっていい加減な応対をしていると、会社の印象が悪くなることを心得て、どのような場合でも丁寧な応対をしましょう。

## (3) 伝言メモ

### ①　伝言メモの重要性

　名指し人の不在などにより、相手から伝言を頼まれたときは、名指し人宛にメモを残す必要があります。電話中に取った自分の覚え書き用メモをそのまま名指し人に渡すと、内容が伝わらない可能性があり、伝言を受けた役目を十分に果たせません。電話を切った後に、名指し人宛のメモとして「伝言メモ」を改めて書き、名指し人のデスクのわかりやすい所に置くか、デスクに貼り付けておきます。名指し人が戻ったら、電話があったことや伝言があったこと、メモをデスクに置いたことを口頭でも伝えます。伝言メモを書いただけで終わらず、最後まで伝言を受けた責任をもちましょう。相手から特に伝言を預かっていない場合でも、電話があったことを伝言メモに残しておくと、再び電話がかかってきた際に、「先ほどはお電話をいただきましたのに、失礼いたしました」のように言い添えることができます。

### ②　伝言メモの書き方

　伝言メモは、ひと目で内容が理解できるように簡潔にまとめ、丁寧な文字で書きます。メモ用紙や伝言メモ用のテンプレート（様式）を使い、５Ｗ３Ｈ（表２）の要領で要点を整理して書きます。相手の会社名や名前は、確実に漢字がわかる場合以外はカタカナ表記にしておきます。例えば「山本様」と「山元様」では、同じ「ヤマモト」でも別人です。勝手な推測で漢字表記にしてしまうことで、仕事のミスにつながることがあるので注意しましょう。

メモ用紙（例）

```
鈴木部長

○○会社 営業部のタナカ様より
お電話がありました。
□□の件で確認したいことがあるそうで、
折り返しお電話をいただきたいとのこと
です。

電話番号：03-△△△△-××××

よろしくお願いします。

        10月4日（水）10：20
                    山田
```

伝言メモのテンプレート（例）

表2　5W3Hの項目の確認

| | | |
|---|---|---|
| ◆ | When | いつ |
| ◆ | Where | どこで |
| ◆ | Who | 誰が |
| ◆ | What | 何を |
| ◆ | Why | なぜ |
| ◆ | How | どのように |
| ◆ | How many | どれだけ（数） |
| ◆ | How much | いくら（金額） |

## 3　電話のかけ方

### （1）電話をかけるときのポイント

電話をかけるときの基本的な流れは、次の通りです。

| ①　事前準備 |
|---|
| ◆用件を箇条書きなどでまとめ、話す順序を考えておく。<br>◆必要な書類や資料を用意しておく。<br>◆メモと筆記用具を用意しておく。<br>◆相手の電話番号や所属部署、職位、氏名などを再確認する。 |

↓

## ② 電話をかける

◆かけ間違えのないように慎重に番号を押す。
◆出社の直後や退社の直前、昼食時間の直前直後は避ける。

↓

## ③ 相手を確認する

◆相手が名乗った場合は、会社名などを聞き取り、間違っていないかを確認する。
◆相手が名乗らなかった場合は、「恐れ入りますが、○○会社様でいらっしゃいますか」と、相手を確認する。

↓

## ④ 名乗る

◆「私、○○会社の○○（自分の名前）と申します。いつもお世話になっております」と名乗る。

↓

## ⑤ 話したい相手への取り次ぎを依頼する

◆「お忙しいところ恐れ入りますが、○○部の○○様（話したい相手の名前）はいらっしゃいますか」や「お忙しいところ恐れ入りますが、○○部の○○様（話したい相手の名前）をお願いいたします」のように、名指し人を指定して取り次ぎを依頼する。

↓

## ⑥ 挨拶をして相手の都合を確認する

◆名指し人が出たら「○○様でいらっしゃいますか。私、○○会社の○○（自分の名前）と申します。いつもお世話になっております」と挨拶をする。
◆自分を名乗って挨拶をしたら「○○の件でございますが、ただいまお時間よろしいでしょうか」と、用件に入る前に相手の都合を確認する。
◆用件がいくつかあるときは、「2件ご相談したいことがございます」のように、あらかじめ件数を伝える。

↓

## ⑦ 用件を話す

◆結論から伝え、①で用意したメモを見ながら要領よく、簡潔に話す。
◆相手の反応に耳を傾け、きちんと理解されているかどうかを確認しながら話す。

↓

| ⑧　終わりの挨拶をする |
|---|
| ◆「それでは、○日までにご返事をよろしくお願いいたします」などのように、最後に要点を再確認する。<br>◆「お忙しいところありがとうございました」「どうぞよろしくお願いいたします」「失礼いたします」のように、終わりの挨拶をする。 |

| ⑨　電話を切る |
|---|
| ◆フックを静かに押してから受話器を置く。<br>◆原則として、電話はかけた方が先に切るが、相手が目上の方や取引先、お客様などの場合は、相手が電話を切るのを待ってから切る。 |

### (2)「こんな場合は？」の応対方法
#### ①　名指し人が電話に出られない場合
相手の不在などで名指し人が電話に出られないことがあります。そのようなときは、その場に応じて次のような方法で対応します。

【例1　こちらからかけ直す場合】
「いつ頃お戻りでしょうか」と、受け手に尋ね、「それでは、○時頃に改めてご連絡いたします」と言います。

【例2　伝言をお願いする場合】
「恐れ入りますが、○○様（名指し人名）にご伝言をお願いしたいのですが、よろしいでしょうか」と、了承を得てから内容を伝えます。その際、最後に「失礼でございますが、お名前をお教えいただけますか」と、受け手の名前を確認しておきます。

【例3　電話をもらいたい場合】
「大変恐れ入りますが、お戻りになりましたら、お電話をいただきたいとお伝えいただけますか」と受け手にお願いし、こちらの電話番号を伝えておきます。ただし、相手が目上の方や取引先、お客様などの場合は失礼にあたるので、こちらからかけ直すようにします。

#### ②　電話が途中で切れた場合
電話が会話の途中で切れてしまった場合は、原則としてかけた方がかけ直します。かけ直した際は、「電話が途中で切れてしまい、大変失礼いたしました」と、お詫びの言葉を述べます。

### (3) アポイントメントの取り方
他社やお客様の自宅などを訪問するときは、事前にアポイントメントを取ることが必要です。予約のない突然の訪問は失礼にあたるため、あらかじめ相手の都合を確認します。

電話でアポイントメントを取るときは、相手に電話をかける前に自分側のスケジュールを確認しておきます。特に、2人以上で訪問する際は、一緒に訪問する上司や先輩との日程調整を事前に行い、候補日時をいくつか挙げておきます。その際、出社の直後や退社の直前、昼食時間の直前直後、週明け（月曜日）の午前中を避けることなどを配慮した上で候補日時を絞ります。何度も電話のやり取りをすることのないように注意しましょう。

　アポイントメントを取る際は、「○○の件で、近日中にお目にかかりたいと存じます。○分ほどお時間をいただきたいのですが、ご都合はいかがでしょうか」と、相手に訪問の目的や所要時間、複数の場合は人数を伝えた上で都合を尋ねます。相手側からいくつかの候補日時が提案された場合は、こちらであらかじめ調整していた日程と照らし合わせて面談日を決定します。どうしても相手との都合がつかない場合は、候補日時を聞き、再度日程を調整して、改めて連絡したいことを伝えます。相手側の都合に合わせられるように調整し、その日のうちに連絡するようにしましょう。

【電話でのアポイントメントの取り方（例）】
　　　　　～略～
かけ手：「お忙しいところ恐れ入りますが、○○の件で、近日中にお目にかかりたいと存じます。○分ほどお時間をいただきたいのですが、ご都合はいかがでしょうか」
受け手：「○○の件でございますね。来週でしたら、火曜日の午後または木曜日の午前中が空いておりますが、いかがでしょうか」
かけ手：「ありがとうございます。それでは、○月○日、火曜日の午後○時に伺いたいと存じますが、よろしいでしょうか」
受け手：「かしこまりました。○月○日、火曜日の午後○時ですね。お待ちいたしております」
かけ手：「どうぞよろしくお願いいたします。失礼いたします」

## 4　携帯電話の扱い

　いつでもどこでもつながる携帯電話やスマートフォンには、メリットとデメリットの両面があり、便利な反面、配慮が欠けてしまうと仕事にも不都合が生じる危険性があります。会社の固定電話とは異なり、24時間使用可能であるため、自分の都合で相手に電話をかけてしまいがちです。携帯電話やスマートフォンにかけるときは、時間帯や内容を考えるようにしましょう。

　携帯電話やスマートフォンであっても、応対方法の基本は固定電話と同様ですが、仕事で使用する際は、次のような点に特に気を配る必要があります。

◆むやみやたらに携帯電話やスマートフォンにかけないようにする。
◆7コール以上呼び出しても相手が出ないときは、一旦電話を切る。
　→留守番電話につながったときは、メッセージを残す。
　　（例）「○○会社の○○と申します。○○の件でご連絡いたしました。明朝に改めてご連絡いたしますので、よろしくお願いいたします。失礼いたします」
◆会議中や面談中、訪問先では着信音が鳴らないように電源を切っておくか、サイレントモードに設定する。
◆携帯電話やスマートフォンからかける場合は、「携帯電話から失礼いたします」と、一言添える。
　→騒がしい場所や周囲に人がいる所は避け、電波環境の良い場所を選ぶ。
　→声の大きさに注意し、機密事項や個人情報などが漏れないように気を付ける。
◆周囲の騒音や電波状況が悪くて聞きとれないとき、話をすることができないときは、一旦電話を切る。
　→「申し訳ございませんが、ただいま移動中ですので、○分後に折り返しご連絡させていただいてもよろしいでしょうか」のように伝える。
◆会社から支給されている携帯電話を私的な用件で使用しない。
◆カメラ付きの携帯電話やスマートフォンでの不用意な撮影はしない。
◆もらった名刺に携帯電話の番号が記載されている場合でも、まずは会社の固定電話に連絡する。
　→直接携帯電話にかけた方が好ましい場合があるので、相手に確認する。
◆番号の通知設定を確認する。
　→非通知設定になっていると、いたずら電話と誤解されるおそれがあるので、相手に番号が表示される設定にしておく。
◆着信履歴や留守番電話が入っていたら、すぐに折り返し電話を入れる。

## ✏️ 確認問題

次の電話応対に関することについて、適切なものには「○」、不適切なものには「×」を付けてください。

(　　) 1　電話は相手の時間を一方的に拘束するため、相手が電話に出たら直ちに用件を話す。

(　　) 2　間違い電話と思われる電話に出たときは、相手に「間違えていますよ」ということが直接的に伝わらないように配慮し、無言のままそっと電話を切る。

(　　) 3　出張中の上司宛に電話がかかってきた際、相手から上司の携帯電話の番号を教えてほしいと言われたら、急用である可能性が高いためすぐに番号を教える。

(　　) 4　電話をかけるときは、出社直後や退社直前、昼食時間の直前直後の時間帯は避ける。

(　　) 5　相手が名乗らない場合は、「失礼でございますが、どちら様でいらっしゃいますか」と名前を尋ねる。

(　　) 6　相手の声がよく聞き取れないときは、「大変申し訳ありませんが、もう少し大きな声でお願いできますか」と、丁寧にお願いする。

(　　) 7　保留を押して待ってもらっている相手を長く待たせそうなときは、通話料がかかってしまうため、「まだしばらくかかりそうですので、おかけ直しいただけませんか」とお願いする。

(　　) 8　こちらからかけた電話が途中で切れてしまった場合は、すぐにかけ直して「電話が途中で切れてしまい、大変失礼いたしました」と詫びる。

(　　) 9　電話はお互いに姿が見えないので、足を組んだり、椅子の背もたれに寄りかかったりなど、楽な体勢で話す方が緊張しなくてよい。

(　　) 10　もらった名刺に携帯電話の番号が記載されていても、基本的には会社の固定電話に連絡をする方が好ましい。

# 第5章 交際業務

## 本章のポイント

人生の節目ごとに行われる冠婚葬祭の儀式は、長い歴史の中、様々な地域で生活環境の変化に合わせ培われてきました。冠婚葬祭の行事は時代とともに簡素化される傾向にありますが、儀式の本来の意味を理解し大切にしたいものです。この章では、慶弔の知識を深めるとともに、儀礼的な場でのマナーを学びます。

## 1 冠婚葬祭

「冠婚葬祭」は古代中国に起源があり、人生の大事な儀礼として位置付けられてきました。元来、「冠」は男子の成人の儀式（元服）、「婚」は結婚にまつわる儀式、「葬」は故人との別れの儀式、「祭」は祖先や自然を敬い祀る儀式ですが、現在は、「冠」は人生の節目を祝う儀式、「祭」は年中行事の意味に使われるようになってきました。地域共同体や家の拘束力がなくなりつつある現在では、人々の儀礼に対する思いや意義付けも少しずつ変化してきています。

### (1) 一般的な冠婚葬祭の行事

- ◆冠　人の誕生から長寿までの祝い
  - →誕生、初節句、七五三、入園・入学、卒園・卒業、就職、成人、賀寿
- ◆婚　縁談から新家庭のスタートまでの行事
  - →見合い、結納、結婚式、披露宴、新婚旅行、挨拶回り
- ◆葬　臨終から法要までの行事（仏式の場合）
  - →臨終、通夜、葬儀、告別式、初七日、四十九日、年忌法要
- ◆祭　正月から大晦日までの主要な行事
  - →正月、節句、節分、彼岸、七夕、お盆、十五夜、大晦日

### (2) 企業における冠婚葬祭の行事

- ◆創立記念式典、役員就任披露、新社屋の起工から落成の祝賀、新製品発表会、受章、永年勤続表彰、定年退職者慰労
- ◆社葬、追悼式典

## 2　慶弔

慶事は結婚や出産などの祝いごと、弔事は通夜や葬儀などの悲しみごとで、まとめて慶弔といいます。個人で行うものと企業で行うものがありますが、時代の流れとととともに簡素化される傾向にあり、挨拶状や記念品を贈るにとどめる企業も増えています。慶弔については、地域によって執り行い方が異なるため、注意する必要があります。

### (1) 慶事の種類と心得

#### ① 賀寿

長寿の祝いは、中国の風習が伝来したもので、平安時代の貴族の間で行われるようになりました。年長者の豊かな経験と知恵を尊重する意味で、節目ごとにお祝いをします。祝いは数え年で行われてきましたが、最近では満年齢で祝うことが多くなっています。

**表1　賀寿の名称・年齢・由来**

| 名　　称 | 年　　齢 | 由　　来 |
|---|---|---|
| 還暦（かんれき） | 満60歳 | 十干十二支が60年で一巡し、生まれた年の干支に還ることから |
| 古希（こき） | 満70歳 | 中国・唐の時代の詩人杜甫の詩「人生七十古来稀也」から |
| 喜寿（きじゅ） | 満77歳 | 喜の草書体の略字「㐂」が七を重ねて見えることから |
| 傘寿（さんじゅ） | 満80歳 | 傘の略字「仐」が八十と読めることから |
| 米寿（べいじゅ） | 満88歳 | 米の字を分解すると八十八と読めることから |
| 卒寿（そつじゅ） | 満90歳 | 卒の略字「卆」が九十と読めることから |
| 白寿（はくじゅ） | 満99歳 | 百という字から一を取ると白になることから |
| 百寿（ひゃくじゅ） | 満100歳 | 「百賀（ももが）の祝い」ともいう。100歳以降は毎年祝う |

※長寿になった現在、還暦の60歳は現役の人が多いため、お祝いをするにあたっては本人の意向を確認することが必要です。

#### ② 結婚

結婚の形態は、宗教婚や人前婚など、また披露宴は、豪華なものから簡素なものまで様々ですが、二人の新しい人生の門出を祝う目的は共通です。出席する側は、その場にふさわしいマナーを理解し、喜びや祝福の気持ちを伝えます。

- 出欠…招待状が届いたら、できるだけ早く出欠の返事をします。その際、簡単なお祝いの言葉を添えます。欠席の場合は、相手に失礼にならないようにお詫びの言葉と簡単な理由を添えるようにします。
- スピーチ…スピーチを頼まれたら快く引き受けます。自分の立場（来賓、同僚、友人など）を考え、楽しいエピソードを盛り込んだ内容を短くまとめます。その際、縁起が悪いとされる忌（い）み言葉※は避けるようにします。

　　※忌み言葉…不幸や不吉なことを連想させるような言葉

結婚式：別れる・終わる・切る・去る・離れる・戻る・重ね重ね・たびたび　など
　　　葬　　儀：重ね重ね・たびたび・返す返す・また・追って　など
・服装…新郎新婦が主役であることを忘れず、女性は花嫁の色である白は避け、華やいだ雰囲気の装いにします。男性はダークスーツにネクタイやポケットチーフで華やかさを添えます。カジュアルウエディングなどの場合、招待状に平服でお越しくださいと書かれていますが、普段着という意味ではないのでお祝いの席にふさわしい装いを選びます。
・祝電…披露宴を欠席するときや、招待されなくても祝福の気持ちを伝えたいときに利用します。電話（局番なしの115）やインターネットなどで申し込むことができます。文例を参考に自分らしい電文を作成し、通常は新郎新婦宛に、取引先の場合は新郎新婦のご両親宛に送ることもあります。

### ③　受章

　国から勲章や褒章を受けることが受章で、春と秋に国家や公共に対して功労のあった人、社会の各分野において優れた業績や行いのあった人に授けられるものです。個人的な祝いですが、受賞する機会はまれであることから、企業が主催したり発起人が呼びかけるなどして祝賀会を催すことがあります。

**表2　勲章・褒章の種類**

| 勲章 | 文化勲章 | 文化の発達に関し、特に顕著な功績のあった人に対して授与 |
|---|---|---|
| | 旭日章 | 国家や公共に功績、功労のあった人に対して授与 |
| | 瑞宝章 | 公共的な業務に長年従事してきた人に対して授与 |
| | 宝冠章 | 外国人に対する儀礼叙勲などに限定して授与 |
| 褒章 | 藍綬褒章 | 公衆、公共のために尽力した人に対して授与 |
| | 黄綬褒章 | 業務に精励し、衆民の模範である人に対して授与 |
| | | ほかに、紫綬褒章、緑綬褒章、紅綬褒章、紺綬褒章があります。 |

## （2）弔事の心得

　関係者の訃報を知ったら、亡くなった方の氏名・逝去の日時（死因については先方が伝えなければあえて尋ねない）・通夜の日時と場所・葬儀の日時と場所・形式（仏式、神式、キリスト教式、無宗教式）・喪主を確認します。その後、上司や関係者と相談して迅速に対応します。

### ①　社葬

　社長や創業者が他界、あるいは勤務中の事故による殉職者が出た場合に、会社主催で執り行う葬儀を社葬といいます。社葬は、葬儀・告別式に関する費用や式の進行などを会社

が取り仕切ります。葬儀の印象が会社のイメージにつながるので、葬儀社との綿密な打ち合わせが必要となります。

②　葬儀・告別式の形式と心得

葬儀・告別式は故人の宗教に従うのが一般的で、仏式では焼香、神式では玉串奉奠（たまぐしほうてん）、キリスト教式や無宗教式では献花をします。最近の傾向として、近親者で済ませる葬儀が多くなり、その後にお別れの会が設けられることもあります。遠方などの事情で参列できない場合には、弔電を送る、香典と悔やみ状を現金書留で送るなどします。

- 通夜…葬儀の前夜、家族や親族、特に親しかった人が集まって、夜を徹して故人の霊を守り慰めるのが通夜です。故人との関係にもよりますが、葬儀・告別式は日中に執り行われるため、通夜だけに参列する人も増えているようです。
- 葬儀…故人を葬る儀式で、本来は家族や親族、親しい身内だけで行うものです。仏式の場合は、僧侶の読経や念仏で故人の成仏を祈ります。神式では神官、キリスト教式では牧師（カトリックでは司祭）が儀式を行います。
- 告別式…近親者だけでなく、故人とかかわりのあった人たちが最後のお別れをする儀式です。受付では、一礼してお悔やみの言葉※を述べます。不祝儀袋は袱紗（ふくさ）から取り出し、文字を読める方向にして両手で丁寧に差し出します。袱紗は本来、贈答品を持ち運ぶ際の埃よけとされていたものでしたが、先方への心遣いや儀礼を重んじる気持ちを表すものとして用いられるようになりました。

※お悔やみの言葉…「このたびは思いがけないことで‥」「このたびはお気の毒でございました」「お疲れがでませんように」などと短い表現で。「このたびはご愁傷さまでした」「お悔やみ申し上げます」は仏式で用いられる言葉

- 服装…男性は黒のブラックスーツに白のワイシャツ、ネクタイや靴は黒にします。女性は黒のワンピースにバッグや靴、ストッキングも黒で統一します。結婚指輪以外のアクセサリーは避けますが、一連のパールやブラックパールのネックレスは身に付けてもよいとされています。
- 弔電…葬儀会場に宛てて、できれば通夜に、遅くとも葬儀前までには届くように手配します。宛名は、喪主あるいは「故〇〇〇〇ご遺族様」として送ります。

③　法要

仏式では、故人の冥福を祈り、その霊を慰めるために命日に法要を行います。初七日法要と四十九日法要が主で、四十九日が終わると忌明けの挨拶状や香典返しを送ります。最近では、火葬後の儀式と共に初七日を行うことや、通夜や葬儀の当日にお返しをする「即日返し」が多くなっています。その後、一周忌、三回忌と営まれますが、三回忌以降は少しずつ簡略化しています。

神式では「霊祭」という儀式が、カトリックでは「追悼ミサ」が、仏式の法要にあたります。

第5章　交際業務

〈焼香・玉串奉奠・献花の仕方〉

| 焼香（仏式） | 玉串奉奠（神式） | 献花（キリスト教式） |
|---|---|---|
|  ①焼香台の手前で遺族に一礼。焼香台まで進んで、遺影に一礼して合掌 |  ①遺族に一礼。玉串は右手で根元を上から、葉は左手で下から支える |  ①花を右側、茎を左手に持ち、遺族に一礼。献花台の前に進む |
|  ②軽く頭を下げ、抹香をつまんで目の高さにささげる |  ②祭壇の前で一礼。玉串を時計回りに90度回す | 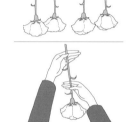 ②一礼。花を時計回りに回す |
|  ③つまんだ抹香を香炉へ。回数は宗派によって1〜3回。参列者が多い場合は1回 |  ③左右の手を持ちかえ時計回りに180度回し根元を祭壇に向けて玉串台に捧げる |  ③花を手前にして献花台に捧げ、黙祷 |
|  ④遺影に向かって再び合掌。遺族に一礼 |  ④二礼二拍手（しのび手）一礼。遺族に一礼 |  ④遺族に一礼 |

## 3 贈答

　贈答は、感謝や喜びあるいは悲しみの気持ちを、金品に託して届けるものです。近年は、虚礼廃止や経費削減などのために、その規模を縮小する傾向が見られますが、贈る際には先方に喜んでもらえる物を選び、タイミングよく届けたいものです。贈り手の誠意を伝えるためにも、しきたりやマナーを守ることが大切です。

### (1) 贈答の心得

　贈る相手の年齢、家族構成、好みなどを考慮して品物を選びます。慶事の贈り物は早めに手配をします。本来、贈り物は持参してお祝いやお礼を述べるものでしたが、配送するのが一般的になりました。配送の場合は、贈る気持ちを相手に伝えることが大切で、品物に挨拶状を添えるか、品物が届く前に挨拶状を送るようにします。また、受け取る側は品物を受け取ったらすぐに礼状を出すのが贈答のマナーです。

### (2) 熨斗（のし）

　鮑（あわび）を薄く伸ばして干物にし、それを熨した（＝伸ばした）ものを熨斗鮑（のしあわび）と呼び、これが熨斗の名の由来となりました。熨斗は、すべてに対する祝意を表しているため、慶事の場合にだけつけます。

### (3) 水引

　水引とは和紙でできた紙縒（こより）を数本並べて糊で固めたものです。贈り物やお金包みをしっかり結びとめることが本来の目的です。何度あってもよいお祝いには「蝶結び」、一度きりがよいお祝いには「結び切り」という結び方が用いられます。なお、「あわび結び」は「結び切り」を装飾した結び方ですが、地域によってはお祝い事全般に使われています。

〈水引の結び方〉

① 蝶結び

何度繰り返してもよいお祝い事に用いる

② 結び切り

繰り返さないように願い
結婚・弔事などに用いる

③ あわび結び（あわじ結び）

結び切りの変形
お祝い事全般に用いる地域もある

### (4) 表書き

　慶事・弔事ともに金品を贈る側の目的がわかるような表書きにし、贈り主の氏名を中央に書きます。連名の場合は3名までとし、それ以上の場合は代表者の氏名を中央に書いて左側に外一同と小さく書き添え、半紙などに全員の氏名を書いて中に入れます。慶事は濃い墨、弔事は悲しみを表すために薄墨にし、筆や筆ペンを使って楷書で丁寧に書きます。

## 表3　表書きの種類一覧

|  | 出来事 | 表書き | 備考 |
|---|---|---|---|
| 慶事 | 結婚 | 寿・御結婚御祝・御祝 |  |
|  | 賀寿 | 寿・祝還暦・古希御祝 |  |
|  | 開業・新築 | 御開業御祝・新築御祝 |  |
|  | 出産 | 御出産御祝・御祝 |  |
| 弔事 | 仏式 | 御霊前・御香料・御香典 |  |
|  | 神式 | 御霊前・御玉串料・御榊料 |  |
|  | キリスト教式 | 御霊前・御花料・御花輪料 |  |
|  | 無宗教 | 御霊前 |  |
|  | 僧侶への御礼 | 御布施・御経料・御礼 |  |
|  | 神官への御礼 | 御礼・御神饌料 |  |
|  | 司祭への御礼 | 御礼・献金 |  |
|  | 法要（仏事） | 御仏前・御香料・御供物料 |  |
| 見舞い | 病気見舞い | 御見舞・祈御全快 |  |
|  | 火災・災害 | 類焼御見舞・災害御見舞 |  |
| 季節の挨拶 | 年始の挨拶 | 御年賀・御年始 | 1月1日～松の内（1月7日、地域により15日）<br>松の内～立春は「寒中御見舞」 |
|  | 中元 | 御中元 | 7月初旬～15日頃／旧盆の場合は8月初旬～15日頃<br>7月15日頃～立秋は「暑中御見舞」<br>立秋～9月初旬は「残暑御見舞」 |
|  | 歳暮 | 御歳暮 | 12月初旬～20日頃 |
| お返し | 慶事のお返し | 内祝 |  |
|  | 弔事のお返し | 志（共通）・忌明（きあけ）（仏式） |  |
|  | 病気見舞いのお返し | 快気祝・全快祝・御礼 | 全快していないがお礼をしたい場合は「御礼」 |
| その他 | 一般のお礼 | 御礼・謝礼・薄謝・寸志 | 目下の人には「寸志」<br>祭礼などへの心づけは「御祝儀」 |
|  | 転勤・退職 | 御餞別・御栄転御祝・御礼 | 目上の人には「御礼」 |
|  | 土産・日常の贈り物 | 御挨拶・粗品 |  |
|  | 陣中見舞い | 陣中御見舞・祈必勝 |  |

〈表書きの書き方〉

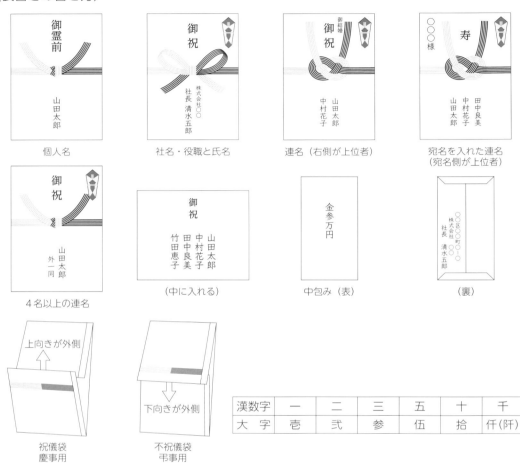

〈袱紗の包み方〉

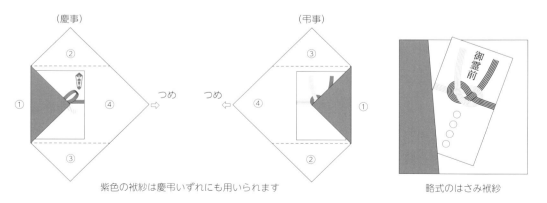

### （5）お中元・お歳暮

　お中元やお歳暮は、日頃世話になっている人への感謝の気持ちを伝えるものです。毎年贈るものですが、相手を思う気持ちを大切にして品物を選ぶようにします。感謝の気持ちを伝えるのが目的なので、先方が喪中のときでも贈って差し支えないとされています。

## 4　見舞い

　見舞いには病気見舞い、災害見舞い、陣中見舞いなどがありますが、共通することは励ましの心です。相手の状況を確認し、タイミングを見計らって、金品に励ましの言葉を添えて贈ります。

### （1）病気見舞い

　病気や事故による入院の情報を得たら、相手の病状や現在の状況を確認し、本人や家族の意向を確認の上、病室に見舞いに行くかどうかを判断します。

　見舞うときは、面会時間を調べた上で先方に連絡し、多人数では行かず、個室でない場合は同室の患者さんにも配慮します。また、病人を疲れさせないように、話題や時間にも気を配ります。見舞い品として花を贈るときは、香りの強いものや花粉が落ちるもの、鉢植え（根付くに通じるといって嫌われる）は避けます。食事の制限がない場合は、分けられる物を選びます。現金を贈る場合には、熨斗のついていない紅白水引の袋や白封筒を用います。

### （2）災害見舞い

　災害や火事などの突発的な状況では、お見舞いも臨機応変、迅速に対応します。現地の情報を集め、近くの場合は足を運んで手伝いをします。現地には寝具や衣類、食料、冬場なら防寒具などの生活用品をできるだけ持参します。火事見舞いは赤色を嫌うため、見舞金には白封筒を用います。受け取る側のお返しは不要で、丁寧にお礼を述べるにとどめます。

### （3）陣中見舞い

　選挙事務所、大きな催しの準備をしている事務局や楽屋、合宿所などへの応援のしるしとして、陣中見舞いを贈ります。贈り物としては、飲み物や食料品、花束や現金などを選びますが、その際は熨斗のついた紅白の蝶結びを用います。受け取る側のお返しは不要で、結果を出して報告をします。

## 5　取引先との付き合い

　新聞や業界紙に目を通し、慶弔や人事異動に関する記事を見逃さないように注意を払います。また、関連会社との関係を良好に保ち、迅速に情報を入手できるようにしておくことも大切です。取引先の慶弔に関する規定や地域ならではの慣習を把握し、細やかな心配りができるように心がけます。慶弔にまつわる取引先とのやり取りについてはデータとし

- 贈答では…日持ちのする物や皆で分けられる物など、届ける相手により品物を選びます。初対面の挨拶やお詫びなどで、直接訪問して届ける場合は、渡すタイミングを考慮し、品物は紙袋や風呂敷から出して渡します。会社の方針で贈答品を受け取らない場合は、次回から遠慮する旨の書状を送ることもあります。
- 就任・受章・落成などの祝いでは…祝電を送る、社内の前例を参考に祝いの品を贈る、祝賀パーティーを開催するなどします。
- 接待では…接待をするときは、相手の好みや趣味などを十分に把握し、場合によっては相手の自宅との距離を考慮して店を選び、料理や雰囲気を調べておきます。交流の場であるため、和やかに飲食ができるように場を設定します。後日、時間を割いてもらったことへの礼を述べます。

## 6　パーティーの基礎知識

　パーティーの目的は、会食を通して交流を深め、良好な人間関係を築くことにあります。和やかな雰囲気でお互いに気持ちよく会食を進めるためには、パーティーの趣旨を理解し、招待する側・される側ともにマナーを心得ることが大切です。

### (1) 招待する側・される側のマナー

　会の目的にふさわしい会場を選び、料理内容や進行について検討します。フォーマルなパーティーの場合は、招待状は1か月前までには発送します。また、接待役になった場合はゲストに気を配り、楽しい時間を演出するよう事前準備を行います。
　招待される側は、出欠について1週間以内に返事をします。欠席の場合は簡単な理由を添えて返信します。

表4　礼装一覧

|  | 昼間 | | 夜間 | |
| --- | --- | --- | --- | --- |
|  | 男性 | 女性 | 男性 | 女性 |
| 正礼装 | モーニングコート<br>紋付羽織袴（五つ紋） | アフタヌーンドレス<br>留袖（既婚）<br>振袖（未婚） | テールコート（燕尾服）<br>紋付羽織袴（五つ紋） | イブニングドレス<br>留袖（既婚）<br>振袖（未婚） |
| 準礼装 | ディレクターズスーツ<br>ブラックスーツ<br>紋付羽織袴（三つ紋） | セミアフタヌーンドレス<br>訪問着 | タキシード<br>紋付羽織袴（三つ紋） | セミイブニングドレス<br>カクテルドレス<br>訪問着 |
| 略礼装 | ダークスーツ<br>紋付羽織袴（一つ紋） | ワンピース<br>スーツ<br>色無地・付け下げ | ダークスーツ<br>紋付羽織袴（一つ紋） | ワンピース<br>スーツ<br>色無地・付け下げ |

＊服装は「格」のバランスを考慮して選びます。主賓や主催者よりも華美にならないようにし、同伴者とのバランスにも気を配ります。

## (2) 会食のマナー

　明るい話題を選んで会話を楽しみます。相手に不快な思いをさせないためにも、香水やオーデコロンなどは控えめにします。周囲の人と食べる速度を合わせ、口に食べ物を入れたまま話をしないように気を付けます。また、大きな音を立てて食事をしたり、足を組んだり肘をついたりしないようにします。

### ①　西洋料理のマナー

　席次のルールやホスト役が試飲してからワインを振る舞うなど、西洋料理のテーブルマナーには、社交と危機管理の2つの側面があります。

- 着席は、椅子の左側から入り、深く掛けます。
- ナプキンは、二つ折りにして折り目を手前に向け、中座するときは軽くたたんで椅子の上に、食事が終わったらテーブルの上に置きます。
- ナイフとフォークは、セットされているものを外側から使い、食事中はナイフの刃を手前にして八の字に、食事を終えたらナイフとフォークの柄を右斜め下に揃えて置きます。
- スープは、音を立てずに食べます。
- パンは、パン皿の上で一口大にちぎって口に運び、肉・魚料理が終わるまでに食べます。
- 料理を待っているときや会話をしているときは、手は軽くテーブルの上に置きます。
- 物を落とした場合は、自分で拾わず給仕をしている人に頼みます。

### ②　和食のマナー

　日本料理は、気配りが食器類にまでされ、四季折々の感覚を大切にし、色合いを考えて盛り付けられています。料理を目でも楽しみながら味わいます。和食の作法では、箸をきれいに使うことが大切だとされています。

- 何から食べるか迷って箸をうろうろさせる「迷い箸」や、食べ物を箸で刺す「刺し箸」など、相手に不快感を与える箸の使い方には気を付けます。
- 椀物の場合、はずした蓋は椀の外側に仰向けにして置いておき、食べ終えたら、蓋は椀に戻します。
- 繊細なつくりの器が多いため、食べ終わっても重ねないようにします。

### ③　中国料理のマナー

　中国料理は堅苦しいマナーは少なく、回転する円卓を囲んで参加者全員の顔を見ながら料理を楽しみます。ターンテーブルは右回りが原則で、他の人が料理を取っていないかに気を付けて回します。

- 自分がメインゲストになった場合は、最初に料理を取って次の人に回します。
- 料理は全体の配分を考えて取り、皿に盛った分は残さないようにします。
- レンゲはスープ類だけではなく、受け皿代わりにも使います。

・中国料理で手に持ってよいものは、箸、レンゲ、ご飯茶碗だけで、取り皿やスープ類は持ち上げません。

④ 立食パーティーでのマナー

立食パーティーは、参加者間の交流を深めることが目的です。
・開催時刻が指定されている場合は、15分前には会場に到着するようにします。
・主催者や主賓格の人に挨拶をします。
・バッグは肩や腕に掛け、手を自由に使えるようにします。
・乾杯の発声まではウェルカムドリンクだけで、料理には手を付けません。
・料理は前菜から取ります。
・自分が食べる分を取ったら、料理が乗せられているテーブルから離れます。
・使った皿はサイドテーブルに置き、次の料理を取るときは新しい皿を使うようにします。
・話をするときは手に飲み物だけを持ち、食べ物はテーブルに置きます。

## 7　国際儀礼

マナーは人と人の間で求められるものですが、国と国または外交関係の中で求められるものが、プロトコール（protocol）です。企業経営のグローバル化が進み、国際的な社交マナーが浸透してきていますが、海外のお客様の接遇には細心の注意を払いたいものです。外務省のホームページに紹介されているので、詳細を確認の上で、相手に不快感を与えず、自然で温かい「おもてなしの心」が表れるように努めます。

### (1) プロトコールの基本5原則

次の5つが外交上の基本的な考え方といわれています。

① 地域慣習・異文化の尊重（Local customs respected）

国によって、歴史・文化の違いがあることを理解し、互いの地域の慣習や文化を尊重します。

② 序列に配慮（Rank conscious）

式典や公式行事での並び順や席次、晩餐会での入場順や席次など、多くの場面で序列が重要になります。

③ 右上位（Right on the first）

主催者が基準となり、右上位となります。席次の場合、主催者の右側が上席で、主賓の第一位の人の位置になります。以下順番に、左、右、左、右と続きます。

④ 答礼・相互主義（Reciprocation）

相手から受けた儀礼に対して、相応の儀礼を返すことを相互主義といいます。

⑤ レディファースト（Lady first）

宗教的な制約がある場合を除いて、女性を尊重することは、ほぼ世界共通です。

## (2) 掲揚儀礼

国旗はその国の象徴であるため、敬意をもって丁寧に扱います。行事を執り行う際には、歓迎の意を表するために国旗を掲揚します。掲揚には、国際社会で通用している基本的なルールがあります。

## (3) 異文化理解と国際マナー

国際交流が活発になり、プロトコールの知識は民間にとっても必要になってきました。次に示すのはその一例です。

- 宗教…イスラム教徒は聖地に向かっての祈りを欠かさず、アルコールや豚肉を飲食しない、ヒンズー教徒は牛肉を食べないなど、宗教による影響が大きいため、相手の価値観や習慣を理解し尊重することが大切です。
- 握手…上位者や年長者から握手を求められた場合に手を差し出します。笑顔で相手と視線を合わせて、右手を握り2、3回上下に振ります。
- 相手国の文化や習慣の理解…相手国の文化に敬意を払うとともに、時間の観念やアポイントメントの厳密性、しぐさや態度の違いなどを理解しておきます。
- 日本文化や歴史の知識と理解…日本の伝統的な文化や歴史に関する知識を深めておきます。

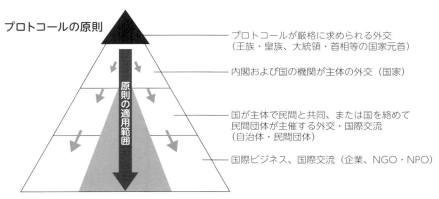

元来、国家元首や外交官の間での決まりごとであったプロトコールは、時代とともに官・民へ広がった。国際化が進む現代では、プロトコールの実践が求められる機会は誰にでも訪れる。

図　広がる国際プロトコールの適用範囲

出典：財団法人日本ホテル教育センター編『プロトコールの基本』プラザ出版、2013

## ✎ 確認問題

次のような場合、あなた（田中正代）はどのような表書きをすればよいでしょうか。袋を選んで書いてください。
(1) お世話になっている取引先の方に出産祝いを贈るとき
(2) 会社の先輩が結婚することになり、先輩（鈴木恵子）と後輩（佐藤美香）の3名で結婚祝いを贈るとき
(3) 告別式に参列することになったが、宗教がわからないとき

(1) 　(2) 　(3)

# 第6章 自己紹介とプレゼンテーション

## 本章のポイント

プレゼンテーションとは、一般に、意見・提案・企画などを説明し、聞き手の理解や納得を得ることを指しますが、実は、それだけをプレゼンテーションというのではありません。仕事だけでなく、様々な社会活動の中で、私たちは、日々プレゼンテーションをしています。この章では、自己紹介も含めた、プレゼンテーションの手順や技法を学びます。

## 1　自己紹介の基本

　最初に求められるプレゼンテーションが自己紹介です。就職活動中は企業の面接官に、入社してからは新人研修で講師や同僚に、部署に配属された職場の上司や先輩に、仕事で新たに訪れた取引先に、新たな人間関係が生まれるとき、私たちは自己紹介をします。
　自分がどのような人物なのかを伝えることで、相手に良い第一印象をもってもらい、今後の関係を良好にするのが目的なので、相手をきちんと見て、明るい表情でハキハキと話します。自己紹介に盛り込む項目と注意する点は次のとおりです。

### (1) はじめの挨拶

　「おはようございます」「初めまして」「本日はお時間をいただきありがとうございます」など、簡単に挨拶を入れますが、何人もが続けて自己紹介をする場合は省きます。

### (2) 氏名

　氏名は聞きとれるよう少しゆっくり、はっきり言います。読み間違えられやすい名前、書き間違えられやすい名前、聞き取りにくい名前、珍しい漢字を使う名前、珍しい名前の場合は、書き方や由来を簡単に説明すると親切ですし、印象に残りやすくなります。

### (3) 基本情報

　出身（国や県、市町村、学校）、今住んでいるところ（職場までの経路や時間）、専攻や部活動など学生時代にやっていたこと、趣味、特技、自分の性格などの中から、そこにいる聞き手に期待されていそうな内容を選んで話します。批判や自慢に聞こえるような内容は避けます。

### (4) 今の気持ちや抱負

緊張しているがここに来られてうれしい、今日が楽しみだった、一日も早く一人前になりたい、職場で必要とされる人になりたい、お役に立てるよう精一杯頑張る、など、前向きな気持ちを伝えます。

### (5) 締めの挨拶

「よろしくお願いします」と締めくくります。

仕事の場面なのか、打ち解けた宴席なのか、聞き手が上司なのか、取引先なのか、同期なのかなど、時と場合によって話す内容を変えることもあります。

> 【挨拶例】
> おはようございます。総務部に配属されました朱宮裕子です。朱色の朱にお宮さんの宮と書きます。名古屋で生まれて育ちました。趣味は料理で、創作料理と目玉焼きが得意です。いよいよ初出勤だと思ったら、緊張して昨晩はよく眠れませんでした。これから一生懸命働いて、一日も早く戦力になりたいと思っていますので、よろしくお願いします。（この分量で30秒程度）

## 2　プレゼンテーションの基本

聞き手を動かすために必要な情報を伝えるのがプレゼンテーションですが、プレゼンテーションの目的を果たすまでに次の7段階があります。

この中で、話し手にできるのは左の「話す」だけで、それ以降は受け手がすることです。ただ話すのと、聞き手が良い状態になるところまで想定して話すのとでは、話す内容も伝わり方も変わってきます。

### (1) 事前に把握しておくこと

#### ①　このプレゼンテーションの目的は何か

プレゼンテーションをすることでどうしたいのか、を明確にします。同じ新商品を紹介するプレゼンテーションでも、「買ってもらって売り上げを伸ばす」だけでなく、「自社の圧倒的な優位性を示したい」「相手との関係を強くしたい」「今回の取引を足掛かりとして次のプロジェクトパートナーの候補に入れてほしい」など、目的はいろいろ考えられます。何を狙ってプレゼンテーションを行うかを、上司とも相談して決めます。

#### ②　相手は誰か

プレゼンテーションを聞くのが誰かを把握するのも重要です。聞き手は何人なのか、聞き手が何を求めているのか、例えば新しい情報を知りたいのか、今抱えている問題を解決したいのか、価格優先か性能優先か納期優先か、説明する内容について何を知っていて何

を知らないか、意思決定するのに影響力が強い人（キーパーソン）がいるならそれは誰か、その人はどのような性格か、何を好むかなどを知っておくと、より的確にプレゼンテーションを行うことができます。

③　いつ行うか

実施する日時と与えられた時間を確認します。60分と言われたら、それが正味でプレゼンテーションに使える時間なのか、部屋に入って、パソコンを立ち上げて投影できるようにして、資料などを配付する時間、終了後に片付ける時間も含めた60分なのかを確認します。そして、質疑応答の時間を含めても与えられた時間内に終わるよう（与えられた時間のおよそ10％を質疑応答の時間と想定して）原稿を作ります。説明だけで与えられた時間を超えることは絶対に避けます。

④　どこで行うか（会場）

聞き手を訪ねるのが基本ですが、特別な設備のある場所で説明したほうが効果的な場合は、自社に招くこともあります。聞き手を訪ねる場合は持ち込む荷物を極力コンパクトにまとめます。また、会場の広さがわかっていれば、投影する資料の文字が最後列の人からも見えるかを予測することができます。

⑤　何が使えて、何が使えないか

パソコン、プロジェクター、スクリーンなど投影する設備が使えるか、使えないなら、何を使って説明するか、聞き手が座席で資料を広げたり書き込んだりできるか、ホワイトボードやマイクは使えるか、サンプルを並べる場所はあるかなどを事前に確認します。

**(2) 事前に行うこと**

①　使う資料と使う機器を決める

スクリーンに投影して見せる、資料を渡して説明をする、実物やサンプルを体験してもらうなど、どのようにプレゼンをするのが一番効果的かを考えます。

②　情報を集める

例えば新商品なら、その商品の仕様や価格、競合品や従来品との違い（メリットもデメリットも）、納入条件、購入決定後のスケジュールなどを明確にしておきます。さらに重要なのは、聞き手の求めていることが何かを聞き出しておくことです。どんなに優れた商品であっても、相手がそれを求めていなければプレゼンテーションは成功しません。何に困っているか、どうしたいと思っているかを理解して、こちらが提案したい新商品がその問題をどう解決するかを説明できるようにします。一般的な統計結果なども用意すると、説明に客観性をもたせることができます。

③　説明する流れ（構成、ストーリー展開）を決める

説明の流れが結果の良し悪しを大きく左右します。小説などは起承転結で流れを作ることが多いのですが、ビジネスでは結論が先です。相手が問題と感じていることと結論に早い段階で触れることで聞き手の興味を引きます。

基本的な流れとしては、例えば商品の紹介なら、導入（例：問題提起、現状の確認）→本論（例：問題を解決する商品の紹介→性能や機能、価格など詳細の説明）→結論（例：その商品を導入することで得られる良い結果の提示）という流れが一般的です。

④　シナリオを作る

決めた流れに従って原稿を書きます。映すスライドは1枚に1メッセージ、映す時間は1スライド1分前後、話す速度は1分300文字以内を目安に作ります。口頭で説明する場合の文章は短めに、言葉は簡潔にします。

**表1　説明の善し悪し**

| |
|---|
| △回りくどい説明<br>　いろいろ考えた結果、Ａ製品もデザインが美しくて良いと思ったのですが、やはりこれからの高齢化社会に対応しようと思ったら、軽さや使いやすさという点でＢ製品やＣ製品が良いのではないかと考えました。ただ、それだけでは市場に受け入れられないかもしれないという懸念もあるため、その結果、両方の良い点を兼ね備えたＤ製品をご紹介してはどうかという結論に至りました。 |
| ▼ |
| ○簡潔な説明<br>　ＡＢＣＤを検討した結果、Ｄ製品が最適と考えております。理由は3点です。軽さ、使いやすさ、デザイン性の高さを兼ね備えているからです。 |
| 結論を先に言うほうが聞き手に理解してもらいやすい。結論までの経緯は尋ねられたら説明する。 |

⑤　リハーサル

シナリオができたらリハーサルをします。

・あまり時間が取れない場合：
　時間を計りながら原稿を読み、制限時間内に発表できるか、一文が長すぎないか、表現は回りくどくないかなどを確認します。
・時間が十分ある場合：
　発表する様子を動画で撮影して、上記項目に加え、自分の立ち居振る舞いを確認します。
・実際の会場が使える場合：
　投影しながら原稿を読みます。電源や照明スイッチの位置、プロジェクターの置き場所、立つ位置、声の大きさなども確認します。
・周囲の協力が得られる場合：
　できれば当日の聞き手をよく知っている人に立ち会ってもらい、説明の過不足を確認します。聞き手役に「買いたくない人」「他社品を買いたい人」「必要を感じていない人」などの役割を設定して質問や指摘をしてもらうのも有効です。チェックシート（表2）を用意すると抜けもなくなります。

リハーサルで原稿が確定したら、原稿は極力暗記します。原稿を読み上げる発表より、聞き手を見て語りかける発表のほうが聞き手に強く訴えることができるからです。暗記した状態で何度もリハーサルをすれば、当日落ち着いてプレゼンテーションに臨むことができます。

表2　チェックシート

| | チェック内容 | 良い | 要改善 | コメント |
|---|---|---|---|---|
| 内容 | 聞き手の問題を解決する内容か | | | |
| | 発表の順序はこれで良いか | | | |
| | 理解されにくい箇所はないか | | | |
| | その他 | | | |
| 発表者 | 第一印象は良いか | | | |
| | 声の大きさ、スピードは良いか | | | |
| | 聞き手を確認しながら話しているか | | | |
| | 口癖や行動癖はないか | | | |
| | その他 | | | |

⑥　道具を揃える

リハーサルと前後してプレゼンテーションに必要なものを準備します。人数分の配付資料、投影機材（ノートパソコン、プロジェクタ、スクリーンなど）、ポインター、投影データ、カタログ、サンプル、延長コードやホワイトボードマーカーなど、全体の流れをたどりながら必要なものを揃えます。先方の投影機材を使わせてもらう場合はこちらで作成したプレゼンソフトが入っているか、バージョン違いなどで画像が出ないなどの問題はないかなど、も確認しますが、最近はコンプライアンスの観点からメモリーの接続を禁止する企業があるため、先方でプレゼンテーションをする場合は、ノートパソコンを持ち込むことが一般的です。その場合、接続端子の整合性も確認します。

(3) 発表当日

当日は早めに会場に出向き、定刻に始められるよう設営します。背筋を伸ばし、明るい表情で、はじめの挨拶と自己紹介をします。その後はリハーサルどおりに発表しますが、聞き手を見て、反応も確認して、臨機応変に対応します。プレゼンテーションが終了したら「説明は以上です。ご質問やご指摘などお願いします」と質疑応答に入ります。そして「本日はお時間をお取りいただき、ありがとうございました。ぜひご検討をお願いいたします」と言ってプレゼンテーションを終了します。終了したら速やかに片付けて退出します。

## (4) 発表後

まず、当日出た質問で即答できなかった箇所があれば、それを調べてすぐに報告します。その後、プレゼンテーションを実施した結果、提案は採用されるのか、目的は果たせたかを確認します。不足がある場合は、現物を持参したり、さらに詳しい説明のできる技術者とともに訪れるなどして、補足や追加でプレゼンテーションを行うこともあります。

## 3　スピーチ技法

人前に出ると緊張してうまく話せないという人がいますが、うまく話すことよりも、相手に伝わるように話すことを意識します。人前で話をするときに気を付けるべき点は次のとおりです。

### (1) 聞き手から見てどうか、を意識して立つ位置や向きを決める

聞き手から見える場所に立っているか、聞き手を見ながら話しているか、自分が立ったことでスクリーンが見えなくなっていないか、何かを指し示すときに聞き手に背中を向けないか（聞き手からスクリーンに向かって右側に立っているときは右手で指し示しているか）を意識します。

### (2) 全員に聞こえる声量で話しかける

多くの人に発表する、というより、聞き手の一人ひとりに話しかけるつもりで話します。自分の声が聞こえているかわからないときは、一番遠くの人に「聞こえますか」と確認します。

### (3) 配付物を確認する

配付する資料はすっきりさせたいものですが、投影する資料、カタログなど、多岐にわたる場合は、説明を始める前に、資料の現物を見せながら「お配りしたのは弊社のカタログ、『○○の規制に関する法律』と書かれた経済産業省のパンフレット、そして本日のプレゼン資料です。ご確認ください。」などと確認します。

### (4) 聞き手が理解できるように話す

①スピード

リハーサル通りに話せば問題はないのですが、緊張するとつい早口になることがあるので、自分の説明用資料に「ここで○時○分」などと時間の目安を入れておいて、時間通りに進んでいるかをチェックするとペースを守ることができます。

②専門用語・業界用語

これが理解されないと、「何を言っているかわからない」となり、話そのものが聞いてもらえなくなります。自分たちが理解できて普通に使っている言葉も、業界や企業が変われば通用しない言葉はたくさんあります。リハーサルで気付けなかった場合は、聞き手の反応を見て、言い換えたり簡単に解説したりします。

③外来語・略語

「このプランのポイント」程度なら誰でも理解できますが、「インセンティブを示したドラスティックなカンファレンス」「ステークホルダーのマジョリティ」などと、カタカナや略語を多用すると、理解されないどころか、わざと難しい表現をして「自分を実力以上に見せたいのか」「ごまかそうとしているのか」などと反感をもたれるおそれがあります。また、「インフラ」や「アフターサービス」「スキーム」など、英語圏では通じなかったり別の意味になってしまったりする言葉もあるので、注意が必要です。

④方言

聞き手が理解できるならむしろ親しみをもってもらえる可能性がありますが、話している本人は方言と気付かずに使い、聞き手が理解できないと、結果として伝わらないことになります。

⑤聞き手に合った内容

年が若い聞き手に大昔の話、テレビを見ない人にテレビで流行している言葉などをもちかけても伝わりません。逆に、ゴルフが好きな人にゴルフの専門用語を使って話せば「あぁ、わかるわかる」と親近感をもってもらえることがあります。

## (5) 言葉は簡潔に的確に

「発表者は話し続けなければいけない」という誤解から、無駄な言葉でつなぐことのないよう不必要な言葉は原稿の段階で削ります。

(例)・というふうな具合に計画しております→と計画しております
　　　・といったような形になっております→となっております
　　　・以上のような問題が予測されないわけでもありません→以上のような問題が予測されます

「具体的に言えば」と言って具体的でない、「一言で言うと」と言いながら一言で済ませない、「要するに」と言ってまとまっていない、なども聞き手にストレスを感じさせることになります。

## (6) 前向きな言葉を使う

「すばらしい」「そのとおり」「いいですね」など肯定的な言葉を使えば、聞き手の潜在意識に良い印象を残すことができます。逆に、「そうではなくて」「疲れる」「やる気をなくす」など否定的な表現をすると、同じ内容でも聞き手は話し手に対して否定的な印象をもちます。他社比較をして自社品を説明する場合も、他社品の欠点を指摘するのではなく、自社品の強みを伝えるようにします。

## (7) 聞き手を不安、不快にさせない

迷わず承諾してもらえるよう、次の点にも気を付けます。

① 過剰に謙遜しない

日本では美徳とされる謙遜ですがまだ勉強中の話し手が、問題を解決するかどうかわか

らない商品を説明するのでは聞き手に失礼です。聞き手のために良いと思うからプレゼンテーションを行うのです。自信をもって説明します。

② 語尾はしっかりと言い切る

納期を聞かれて、「今月末にはお届けできると思いますが…」は、「お届けします」と言います。自信がないときは「確認してご連絡します」と答えます。同様に「かもしれない」「たぶん～ではないか」といった表現も避けます。

③ あいまいな印象を与える表現を避ける

「一応、こちらが今回のおすすめ商品です」「とりあえず作りました」は聞き手に投げやりな印象を与えるので、「一応」は言いません。「とりあえず」は「まずは」「取り急ぎ」などと言い換えます。

④ 気になる癖を直す

「えー」「あのー」「（すべての語尾に）ね」「（返事ではない）はい」などは言わないようにします。語尾が上がる、語尾が伸びる、抑揚を付けたつもりで突然大声になるなどの話し癖、無意味に両手をぐるぐる回す、髪を触るなど手の癖、訳もなく歩き回ったり腕を組んだりする癖なども気を付けます。

⑤ 生理的な不快感を与えない

聞き手の近くで口角泡を飛ばして話せば迷惑です。口臭や体臭、フケ、強すぎる香水なども相手を不快にさせます。

⑥ 時間配分に注意

制限時間が半分以上経過したのに配付された資料がまだ五分の一も進んでいない、という場合も聞き手を不安にさせます。「時間がないのであとは読んでおいてください」ではいいかげんな印象を与えてしまいます。

## (8) 聞き手の反応を確認しながら話す

聞き手の反応を確認しながら話すことは重要です。

・資料は見てほしいところを見ているか→見るべき箇所を探しているようなら「○ページです」と改めて伝えたり開く箇所を見せたりします。
・こちらの話を理解しているか、怪訝そうな顔をしていないか→わかりやすい表現に言い換えたり、「何かご不明な点はありませんか」と質問を促したりします。
・興味をもって聞いているか、退屈そうな顔、眠そうな顔をしていないか→関連した余談を話すなどして、場の雰囲気を変えます。

## (9) 質問には誠実に答える

プレゼンテーションで一番の不安は「質問されて答えられなかったらどうしよう」ということです。いろいろなことを想定して準備しても、答えられないことを尋ねられることがあります。

① 質問の意味がわからないとき→「質問の意味がわかりません」と伝えず、「それは

○○ということでしょうか？」と自分なりに理解した内容を別の言葉で表現しながら、相手の質問の意図を探ります。

② 質問は理解できたが答えを知らないとき、答えてよいか判断できないとき→曖昧に答えたりせず、「申し訳ありません。そこまで準備しておりませんでした」と詫び、「すぐに持ち帰り、確認してご報告いたします」と伝えます。

③ すでに説明したことを質問されたとき→「先ほどご説明いたしましたとおり」「ですから」といった言葉は、聞いていなかったのか、と聞き手を責めるような印象を与えるので言わないようにします。プライドの高い聞き手、気難しい聞き手など、細心の注意を払わなければならないような場合は、「こちらの説明が足りなくて申し訳ありません」と言い添えることもあります。

## 4　プレゼンテーション技法

ここではプレゼンテーション用のソフトを用いる場合の技法を中心に説明します。

### (1) スライド1枚に情報は1つ

スライドは、タイトル、一番伝えたいメッセージ、それを裏付けるデータや画像、脚注、作成年月日、ページ番号、自社名などで構成されます。視線の動きとして、横書きの資料なら「上から下」「左から右」「円周は右回り」という大原則があります。大きいものに目がいくことも考え、情報をレイアウトする場合は、一番知らせたいことを左上に、目立たせたいものは大きく中心に置きます。

情報を盛り込みすぎると、聞き手の注意が散漫になります。そのスライドで言いたいところに聞き手の注意が集中するよう、情報やメッセージは1スライドに1つとします。

表紙

相手先名

タイトル、サブタイトル

実施年月日
自社名、部署名

中身

```
                                                    P 00
┌─
│  タイトル

   ここで一番伝えたいメッセージ

   裏付けとなる画像やデータ


   脚注など

                                              会社ロゴ
                                                    ─┘
```

### (2) 映すものと話を合わせる

　投影する内容と配付した資料が食い違うと聞き手は混乱するので、配付しない画像や、当日急に投影する内容を変えたために配付資料が間に合わなかった場合などは、「このページはお配りした資料にはありません（お配りした資料とは違います）ので、こちらのスクリーンをご覧ください」と言い添えます。

### (3) スライドを移るときのつながりを大切にする

　次のスライドに移るときに「次に、次に」とばかり言うとぶつ切りの印象になります。「なぜなら」「ではどうすれば良いのでしょうか」「それによって問題が解決すると」といった言葉で次のスライドに移れば流れができ、聞き手を引き付けることができます。

### (4) 確実に見える（読める）こと

　一番後ろの人にも見えるようなフォントの大きさを心がけます。50人程度なら32ポイント以上、100人程度なら54ポイント以上のサイズの文字を使うと決めるのも１つの方法です。商品の品番などでは、「０とO」「９とq」「６とb」「５とS」「１とl」など、数字やアルファベットが混在する場合は特に慎重にフォントを選びます。最近は視認性（見やすさ）を追求したユニバーサルデザインフォント（フォントの前にUDと付いているもの）が出て、障害のある人や年配者にも見やすいよう配慮されています。

〈フォントの例〉

　MS　P明朝：あいうえおかきくけこabcde0O9q6b5S1l

　**MS　Pゴシック：あいうえおかきくけこabcde0O9q6b5S1l**

　UDゴシック：あいうえおかきくけこabcde0O9q6b5S1l

　明朝体は可読性が高いので、小説や新聞など、読むものに使われます。ゴシック体は視

認性が高いので、看板やプレゼンテーションなど、見るものに使われます。

　色使いにも配慮します。例えば白地に黒文字は目立ちますが、緑色の地に青い文字は読みづらいし、緑色の地に赤い文字は色弱の人には違いがわかりません。資料がその後、FAXで転送されたり白黒でコピーされたりした場合は、赤い文字で強調したはずが薄く見えてしまいます。

## (5) わかりやすい表現を選ぶ

① 伝えたい内容をどう見せるのが一番効果的かを考えます。
　・言葉、表：内容を正確に伝えられますが、読み込む必要があります。
　・図・グラフ：一目でイメージを伝えることができますが、細かな情報を補足する必要があります。

② グラフの種類は、見せたい内容によって選びます。
　・棒グラフ：数量の大小を比較する（食品別カロリー数など）
　・折れ線グラフ：ある数量の増減をみる（売上高の推移など）
　・円グラフ・帯グラフ：全体の中での構成比をみる（業界シェアなど）

　図やグラフを使う場合は、必要な情報も忘れずに盛り込みます。

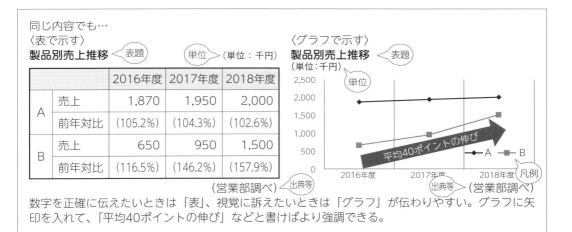

**図1　データの見せ方**

③　誤解されない表現を心がけます。

| 他人の迷惑となる花火は禁止します<br>花火をしたら後始末をしてください | ←この立て看板のある場所でどの花火ならできるのかが曖昧（迷惑かどうかは人や時によって違う）。最初の2行だけを見ると花火そのものも禁止と解釈できる。 | 総務部長谷川一郎<br><br>↑この人は総務部長の谷川一郎さんなのか、総務部の長谷川一郎さんなのか、スペースがないのでわからない。 |

**図2　解釈が分かれる例**

### (6) 内容に合わせたデザインにする

テーマのイメージ、与えたい印象に合わせたデザイン、フォント、色を選びます。
① 法令の条文など：白地に黒い明朝体
② 洗剤の新商品など：清潔感をイメージさせる色あい、ゴシック体やメイリオなどのフォント

POP（Point of purchase）書体とは、チラシや店頭で商品を売り込むのに用いられる書体のことです。

### (7) 情報過多も注意する

プレゼンテーションソフトには、数多くのフォント、選べるバックデザイン、アニメーションや効果音など、いろいろな機能が付いていますが、意味もなくこうした機能を使うと、統一感のない雑然とした印象になってしまいます。使う色やフォントにはルールを設け、すっきりと洗練されたデザインを心がけましょう。

### (8) 無許可の画像や情報は使用しない

発売前の商品の写真や開発センター内の写真などの企業秘密は外部への開示を禁じられています。インターネットに出ているイラストや画像、コピーライターに書いてもらったキャッチコピーなどには著作権があり、使用条件が限られています。また、人物が特定できる写真には肖像権があります。無許可で使うと会社に大きな損失をもたらしたり、罰せられたりすることがあるので、イラストや画像をスライドに盛り込みたいときは、許可を得る、有料で入手した画像を使うなど、慎重な配慮が必要です。

## 確認問題

1．次の項目について、正しいときは○、誤りであるときは×を書いてください。
（　）（1）プレゼンテーションの発表者ははじめに自己紹介をするが、謙虚さをあらわすために「まだ勉強中でわからないことが多いが」と前置きをする。
（　）（2）プレゼンテーションの聞き手が若い世代だったので、親しみやすさを表すために一部にＰＯＰ書体を使ったプレゼンテーションを作った。
（　）（3）時間に合わせてリハーサルを何度もしたが、当日聞き手が別のことに興味をもったので、用意していた原稿から離れて、聞き手の疑問に答えた。
（　）（4）かっこよく説明したかったので、あまり知られていない外来語を多く使った。
（　）（5）プレゼンテーション後に質問された。説明したばかりの内容だったので、「先ほどご説明したとおり」と前置きして回答した。

2．次の（　）内に適切な言葉を入れてください。
(1) 明朝体は（　　　　）が高いので、読むものに適している。ゴシック体は（　　　　）が高いので見るものに適している。
(2) コピーライターの書いたキャッチコピーには（　　　　）がある。
(3) 障害のある人や年配者にも見やすいよう、見やすさを追求したデザインを（　　　　）デザインという。
(4)「とりあえず作ってみました」は雑に作った印象を与えるので、「（　　　　）作ってみました」と言い換えるほうが良い。

# 仕事の仕方とビジネス文書

# 第1章 仕事の取組み方

**本章のポイント**

この章では、私たちがより良い仕事を行うために必要な考え方やルールについて学びます。まずは、PDCAサイクルという手法を学び、仕事の仕方について理解を深めます。次に、職場のルールとはどのようなことをいうのかについて確認し、様々なルールの中でも特に知っておきたい法律知識について、詳しく学びます。

## 1 仕事の仕方（PDCA）

### (1) PDCAサイクルとは

すべての仕事には目的があり、その目的を達成するための手段が存在します。目的と手段を間違えると、目的を達成できないだけでなく、無駄な時間や労力を費やしてしまうことになります。私たちがより良い仕事を進めていくためには、まず、目的と手段を明確にする必要があります。

仕事の目的と手段を明確にし、効率的・合理的に仕事を進めていくための有効な方法として、PDCAサイクルがあります。

PDCAサイクルのPDCAとは、「計画（Plan）」「実行（Do）」「点検・評価（Check）」「改善・処置（Action）」の頭文字を取ったものであり、どのようなプロセスで仕事を進めていけば、効率の良い仕事ができるのか、より良い仕事ができるのかを考える理論のことをいいます。

### (2) 計画（Plan）

まずは、目標を設定した上で、これから進めていく仕事の計画（Plan）を作成します。目標を達成するための方法を考え、これを達成するための具体的な計画を立てていきます。不測の事態が起こることも想定して、時間的にも余裕のある計画を立てることがポイントです。

### (3) 実行（Do）

実際に立てた計画を着実に実行します。計画の実行にあたっては、目標達成のための方法が適切かどうかを常に考えることが求められます。また、計画通りに進まなかった場合は、なぜそのとおりに進まなかったのか原因を記録しておくことも必要です。

### (4) 点検・評価（Check）

実際に、どの程度計画を実行することができたかを点検し評価を行います。また、どの程度目標を達成することができたのか、目標を達成する方法が適切であったかどうかを評価します。

### (5) 改善・処置（Action）

点検・評価の結果を踏まえ、目標達成のための方法や、計画の実行方法など、改善すべき点を改めていき、その上で、さらにより良い計画と実行方法を考えていきます。

## 2　職場のルール

### (1) ルールとは

ルールとは、私たちが、ある一定の行為をすること、あるいはしないことを、命令したり禁止したりするものです。また、ルールは、私たちが、ある特定の行為をすること、あるいはしないことが、良いのか悪いのかを判断するための基準にもなります。

### (2) ルールの種類と性質

ルールには、法律や道徳、慣習、倫理など様々なものがありますが、ルールの種類や性質を考える場合に、法律と法律以外とに分けて考える方法があります。

例えば、法律に違反すると、刑罰を受けたり、損害賠償責任を負うなどといった強いペナルティが科せられるのに対し、道徳や慣習、マナーといったものに反した行動をとっても、周りの人々からの信用を失ったり、社会的な非難を受けるに留まります。

このように、ルールには、強いペナルティを伴わせることで強制的に守らせようとするものから、守るか守らないかは各自の判断に任せるものまであるといえます。

### (3) 職場のルールとは

職場のルールにも、法律や社内規則などのようにペナルティを伴うものから、それぞれの職場のやり方や業界の文化、習わしといったものまで、様々なものがあります。社会人としてのマナーを守る、言葉づかいに気を付ける、上司への報告・連絡・相談を忘れない、同僚とコミュニケーションを密にとるなどといった、いわゆるビジネスマナーも大切な職場のルールであるといえます。

様々な職場のルールが、より良い仕事を進めていくことを目的とするものである以上、ルールに違反した場合のペナルティの強弱に関係なく、まずは職場のルールをしっかりと理解し、これに従うことが求められます。

その上で、なぜそのようなルールがあるのか、そのルールは適切なものであるのか、適

切でないときはどのようにルールを変えていくべきなのかという視点をもてるようになることが必要です。

## 3　仕事と法律

前項2で職場のルールについて確認しましたが、ルールの中でも特に重要な法律については、社会人としてしっかり学んでおく必要があります。

ここでは、企業などに雇われて働く場合に重要となってくる法律を中心に学んでいきましょう。

### (1) 労働者に関する法律知識

#### ①　労働法とは

労働法とは、企業などに雇われて働く労働者を保護するための法律の総称のことをいいます。この労働法の中心にあるのが労働基準法という法律です。

労働基準法とは、労働者を保護することを目的として、労働条件の最低基準や解雇に関するルールなどを定めた法律です。労働基準法には、次のような規定があります。

| | |
|---|---|
| 労働契約 | 労働契約には、賃金・労働時間その他の労働条件を明示する必要がある。労働基準法で定める基準に達しない労働条件は無効とされ、無効となった部分については、この法律で定める基準がそのまま適用される。 |
| 労働時間 | 労働時間は、原則として休憩時間を除き1日8時間、1週間40時間を超えてはならない。 |
| 休　日 | 使用者は、労働者に少なくとも毎週1回、または、4週間を通じて4日以上の休日を与えなければならない。 |
| 休　暇 | 労働者は、年間で最低10日間の有給休暇（労働者の休暇日のうち、使用者から賃金が支払われる休暇日）を取得することができる。また、女性の労働者は、産前産後休暇（最大14週間）を取得することができる。 |
| 時間外手当 | 使用者は、時間外に労働（残業）させた場合には25％以上の割増賃金を、休日に労働させた場合には35％以上の割増賃金を支払う必要がある。また、深夜（午後10時から午前5時まで）に労働させた場合には、25％以上の割増賃金を支払う必要がある。 |
| 解雇制限 | 労働者を解雇するときは、30日前に予告するか、30日分の賃金を支払う必要がある（懲戒解雇の場合を除く）。また、労働者が業務上の負傷・疾病のため休業する期間とその後の30日間、女性の産前産後の休業期間とその後の30日間は解雇することはできない。なお、解雇は、合理的な理由がなく、社会通念上相当でない場合は無効とされる。 |
| 女性・妊産婦の保護 | 妊産婦を、妊娠・出産・育児等に有害な業務に就かせることはできない。また、妊産婦が請求した場合には、時間外労働、休日労働または深夜業をさせることはできない。生理日の就業が著しく困難な女性が休暇を請求したときも、就業させることはできない。 |
| 就業規則 | 常時10人以上の労働者を使用する企業は、就業規則（労働時間、休憩時間、休日、休暇、賃金、賞与、手当、退職、懲戒など労働者の労働条件や服務規律などについて定めた規則）を作成して、労働基準監督署に届け出なければならない。 |

② 正社員と非正社員について

　一般に正社員（正職員）とは、雇用期間の定めがない社員のことをいい、会社が定めた定年まで雇用される社員のことをいいます。これに対して、非正社員（非正職員）とは、雇用期間の定めのある社員のことをいい、アルバイトやパート、契約社員や嘱託社員などのことをいいます。

　正社員・非正社員とも、法律上、正当な理由がない限り、会社の都合だけで解雇することはできません。しかし、非正社員は、雇用期間が終了すれば、会社側は雇用契約を更新しないことによって、事実上解雇することができます。そのため非正社員の身分は不安定であるといわれます。

**(2) 契約に関する法律知識**

① 契約とは何か

　契約とは、２人以上の者が合意することによって、法律上の権利や義務の関係を作り出すことをいいます。通常は、申込みの意思表示と、承諾の意思表示が合致することによって契約が成立します。

② 契約の内容

　契約は、犯罪にかかわるような社会的に認められない場合を除き、当事者が自由にその内容を定めることができます。これを契約自由の原則といいます。

③ 契約の成立

　契約は、当事者の意思が合致すれば口頭（口約束）でも成立しますが、仕事上では、契約に関してトラブルになる場合に備え、契約書を作成するのが一般的です。なお、不動産や金融商品に関する取引、訪問販売など、一定の取引については、法律で契約書の作成が義務付けられることがあります。

④ 契約の効力

　契約が締結されると、債権と債務が発生します。債権とは、特定の者に対して、一定の行為を請求する権利のことをいいます。債務とは、特定の者が特定の者に一定の行為をしなければならない義務のことをいいます。例えば、株式会社Aと株式会社Bとの間において、ある商品に関する売買契約が締結された場合は、それぞれ次のような内容の債権・債務が発生します。

|  | 株式会社A（売主） | 株式会社B（買主） |
| --- | --- | --- |
| 債権の内容 | 代金の請求権 | 商品の引渡し請求権 |
| 債務の内容 | 商品の引渡し債務 | 代金の支払い債務 |

　そして、債務者が債務を実行しないことを債務不履行といいます。例えば、買主である株式会社Bが、期日までに商品の代金を支払わないときに、株式会社Bは債務不履行という状態になります。この場合、債権者は、契約を解除できるほか、裁判所に訴えることに

より、その履行を強制することもできます。また、債務者が債務の履行をしないことによって債権者に何らかの損害が発生した場合は、債権者は債務者に損害賠償を請求することができます。上記の例では、売主である株式会社Aは、株式会社Bとの売買契約を解除できるほか、裁判所に訴えて株式会社Bの財産を差し押さえたりすることができます。

⑤ 契約の取消・解除

契約は、債務不履行など法律で認められた場合や契約書で定めた事由のない限り、一方的にこれをなかったことにすることはできないのが原則ですが、消費者の保護を目的として、次のような、消費者の側から一方的に契約を解約できる制度が設けられています。

◆クーリング・オフ制度

クーリング・オフ制度とは、訪問販売や電話勧誘販売など特定の取引によって商品等の購入の契約をした消費者は、一定期間内（原則8日以内）であれば、違約金を支払うことなく一方的に契約の解除をすることができる制度です。

◆消費者契約法に基づく契約の取消

消費者契約法は、消費者が、事業者側の不適切な勧誘方法によって契約をしたときは、これを取り消すことができる法律です。この法律は、消費者（個人）と事業者との間で締結されるすべての契約を対象としています。事業者の勧誘に問題があって、消費者が戸惑ったり、内容を誤解したまま契約をした場合には、その契約を取り消すことができます。また、事業者の損害賠償責任を一方的に免除する条項や、高額な違約金を請求するなど消費者の利益を不当に害する取り決めは無効となることも定めています。

なお、「不適切な勧誘」とは、具体的には次のようなことをいいます。

| 不実告知 | 例えば、中古車の販売において、事故歴があるにもかかわらず、事故歴がないものとして販売するように、重要な項目について事実と違うことを言うこと。 |
|---|---|
| 断定的判断 | 例えば、「この株を購入すれば将来必ず儲かります」というように、将来の変動が不確実なことを断定的に言うこと。 |
| 不利益事実の不告知 | 例えば、ある不動産の購入について、隣に高層マンションが建築され日当たりが悪くなるおそれがあるにもかからず、それを言わずに契約させた場合など、重要な項目について不利益になることを分かっていながら言わないこと。 |
| 不退去 | 消費者が帰ってほしいと言ったのに帰らないこと。 |
| 監禁 | 消費者が帰りたいと言ったのに帰してくれないこと。 |

(3) 知的財産に関する法律知識

知的財産とは、主に企業が生み出す商品や技術、アイディアのことであり、これらを保護するために法律によって認められている権利のことを知的財産権といいます。知的財産権には、著作権・特許権・商標権・意匠権などがあります。

① 著作権とは

著作権とは、著作物を作成した者に与えられる権利のことをいいます。著作物とは、書

籍や音楽、映像の他、Webサイトやパソコンソフトなど、文芸・学術・美術・音楽などのことをいいます。

著作権が認められると、著作者に無断で、著作物をコピーしたり、引用したりすることはできなくなります。著作物をコピーしたりするときは、著作権者の許可が必要であり、通常は、著作権者に一定の著作物の使用料金（著作権料）を支払う必要があります。

② 特許権とは

特許権とは、これまでに存在しなかった発明をした者に与えられる権利です。特許権は、特許庁に申請することによって認められます。特許権を取得すると、発明者はその発明をもとに商品を製造・販売したり、他社にライセンスを提供するなどして利益を得ることができます。また、他の者が無断で特許物を使用し利益を得るなどしたときは、その使用の差し止めや損害賠償請求をすることもできます。

③ 商標権とは

商標とは、企業や商品・サービスに付けられるマークやブランドのことであり、この商標を財産として保護するのが、商標権という権利です。商標権を取得する場合も、特許庁への申請が必要となります。

④ 意匠権とは

意匠とは、デザインのことであり、意匠権は、商品などのデザインを考えた者に与えられる権利です。意匠権を取得すると、そのデザインを使った商品を、独占的に製造・販売することができるようになります。意匠権を取得する場合も、特許庁への申請が必要となります。

**（4）個人情報保護法**

個人情報保護法とは、一定数以上の個人情報を扱う会社や団体に、個人情報の取扱いについて安全義務を負わせる法律です。ここでいう個人情報とは、個人に関する情報であって、氏名、生年月日その他の記述等により特定の個人であることがわかるものをいいます。個人情報を集める企業等（個人情報取扱事業者）には、次のような義務が課せられます。

| 個人情報取扱事業者の義務 | |
|---|---|
| 個人情報取扱事業者の義務等 | ・個人情報取扱事業者は、個人情報の利用目的を特定しなければならず、本人の同意を得ないで、利用目的の達成に必要な範囲を超えて、個人情報を取り扱ってはならない。<br>・個人情報取扱事業者は、個人情報の漏洩・滅失の防止等の安全管理のために必要かつ適切な措置を講じなければならない。<br>・個人情報取扱事業者は、個人情報を扱う従業者に対する監督義務を負う。 |
| 個人情報の第三者への提供 | ・個人情報取扱事業者は、原則として、本人の承諾なくして個人情報を第三者に提供してはならない。 |
| 個人情報の開示 | ・個人情報取扱事業者は、本人からの開示を求められたときは、保有する個人情報を開示しなければならない。 |

## 4 社会保険と税金

### (1) 保険とは

　保険とは、病気やケガなど偶然に発生する事故によって生じる経済的な損失に備えて、一定のメンバーが、資金を出し合い、そのメンバーの中で一定の事故にあった者に対して、金銭を支払う仕組みのことをいいます。

　ここでいう「経済的な損失」とは、例えば、ケガのため仕事ができず給料がもらえなかったり、治療費がかかったりすることをいいます。「メンバー」とは、その保険に加入する者のことであり、これを被保険者といいます。また、出し合う「資金」のことを保険料といいます。

### (2) 民間保険と社会保険

　保険は、民間保険（私的保険）と社会保険（公的保険）に分けることができます。

　民間保険とは、火災保険や自動車保険など、民間の保険会社などによって運営されている保険のことをいいます。一方、社会保険とは、国（政府）が、国民の生活を安定させることを目的として、法律に基づいて運営している保険のことをいいます。

　民間保険は、個人が必要に応じて加入するものであるのに対し、社会保険は、一定の要件を満たすと、個人の意思とは関係なく加入することになります。例えば、私たちは20歳になると国民年金に加入します。これを強制加入といいます。

### (3) 社会保険の種類

　現在、日本には、大きく分けて、医療保険、年金保険、雇用保険、労災保険、介護保険の5つの社会保険があります。これらの社会保険は、私たちの生活や働き方に大きくかかわるものですので、社会人となる前に十分な知識を得ておく必要があります。

　① 医療保険（公的医療保険）

　医療保険とは、病気やケガなどでかかった治療費などの一定額が支給される保険のこと

をいいます。

例えば、医療保険から医療費の7割が支給される場合、私たちは病院の窓口で、残りの3割の費用を支払うことになります。この3割を自己負担（窓口負担）といいます。

この自己負担は、現在、次のように年齢ごとに定められています。

| 小学校入学前の者 | 2割 |
| 小学生から69歳の者 | 3割 |
| 70歳から74歳の者 | 2割※ |
| 75歳以上の者 | 1割※ |

※一定額以上の収入のある者は3割となります。

医療保険は、次の4つに分けられます。

| 健康保険 | 正社員やその家族を対象とする医療保険 |
| 国民健康保険 | 自営業者や非正社員などを対象とする医療保険 |
| 共済保険 | 公務員や教員を対象とする医療保険 |
| 後期高齢者医療制度 | 75歳以上の者（原則）を対象とする医療保険 |

私たちが正社員になると、健康保険に加入することになります。一定の要件を満たした場合は非正社員も加入します。健康保険に加入した場合、保険料の半分は、雇い主である会社が負担します。このように社員（労働者）と会社（使用者）が保険料を半分ずつ負担することを「労使折半」といいます。社員（労働者）が負担する保険料は、月々の給与からあらかじめ差し引かれます。これを、一般的には「天引き」といいます。

一方、自営業者や健康保険に加入できない非正社員は、国民健康保険に加入することになります。国民健康保険の保険料は、加入者本人が全額負担することになります。

② 年金保険（公的年金保険）

年金とは、毎年支払われる一定額の金銭のことをいいます。年金保険とは、高齢になったり、障害を負ったり、遺族となった者に対して、一定額の金銭（老齢年金・障害年金・遺族年金）が支払われる保険のことをいいます。

主な年金保険として、20歳以上のすべての国民を対象とする国民年金と、正社員（正職員）を対象とする厚生年金があります。

正社員として雇用された場合、国民年金と厚生年金の2つの年金保険に加入することになります。この場合の保険料の負担は、健康保険と同様に労使折半となり、社員（労働者）が負担する保険料は、月々の給与からあらかじめ差し引かれます。

非正社員の場合は、厚生年金に加入できないことが多く、その場合、国民年金にのみ加入することになります。国民年金の保険料は、全額本人負担です。

年金保険では、被保険者を次のように分類しています。

| 1号被保険者 | 自営業者など、国民年金にのみ加入している者 |
|---|---|
| 2号被保険者 | 正社員など、厚生年金にも加入している者 |
| 3号被保険者 | 専業主婦など、2号被保険者の被扶養配偶者 |

年金保険の保険料は、次のようになっています。

| 1号被保険者 | 月額17,000円（2018年度、原則） |
|---|---|
| 2号被保険者 | 給与額の約18％（2018年度）※ |
| 3号被保険者 | 負担なし |

※約9％は使用者が負担します（労使折半）。

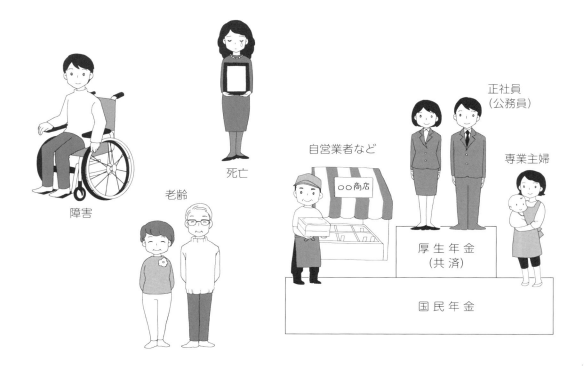

③ 雇用保険

　雇用保険は、失業した場合や、育児休暇などを取得した場合に、一定の金銭が支払われる社会保険です。この雇用保険には、1週間の労働時間が20時間以上あるなどの要件を満たす場合に加入することができます。

　雇用保険に加入していた者が失業した場合、それまでもらっていた給与の一定額が、3か月から1年程度の間、支給されます。また、育児・介護休業法に基づく育児休業を取得したときは、雇用保険から育児休業給付金として、それまでもらっていた給与の50％（最初の180日間は67％）の金銭が支給されます。なお、育児休業中は、健康保険および厚生年金保険の保険料が免除されます。

④ 労災保険

労災保険（労働者災害補償保険）とは、仕事中や通勤途中のケガなどに対して、一定の給付を行う社会保険のことをいいます。例えば、仕事中にケガをしたために病院で治療を受けた場合、労災保険から治療費の全額が支給されます。

労働基準法上、会社は、社員の仕事中のケガなどに対して治療費などを支払う義務があります。労災保険は、この会社の社員に対する責任を、いわば肩代わりするものです。そのため、保険料は、全額会社（事業主）が負担することになっています。

⑤ 介護保険

介護保険は、高齢などで介護が必要になった者が、一定の介護サービスを受けたとき、その費用の一定額を給付する社会保険です。

介護保険は、40歳以上の国民を対象としています。一定の介護サービスを受けたとき、この介護保険から介護費用の9割（原則）が支給されます。

## (4) 税金について

① 税金とは

税金とは、国や地方公共団体が、その活動予算を賄うために国民や企業などから徴収する金銭のことをいいます。私たち国民は、法律の定めるところにより、納税の義務を負っています。

② 税金の種類

税金は、国に納める国税と、地方公共団体に納める地方税に分けられます。国税には、所得税や消費税などがあり、地方税には、住民税や自動車税などがあります。

③ 所得税について

所得税とは、個人の所得に課税される税金のことをいいます。所得税は、給与などの収入から一定額を控除した（差し引いた）額に対して課せられます。控除には、最低限の生活費を差し引く基礎控除をはじめ、配偶者控除や扶養控除、医療費控除、生命保険料などがあります。この所得税は、課税される所得の額が大きくなるほど、税率が高くなります。これを累進課税といいます。

④ 住民税について

住民税とは、地方自治体による行政サービスの提供を目的として徴収されるものであり、都道府県民税と市町村民税をあわせたものをいいます。住民税も、所得額から一定額を控除した額に対して課せられます。

⑤ 年末調整について

給与所得者は、毎月の給与などから所得税が徴収されます。これを源泉徴収と呼んでいます。毎月源泉徴収される所得税額と、年収に対する所得税額とを調整して精算する手続きのことを年末調整といいます。この年末調整は給与所得者にのみ適用される手続きです。年末調整を行った場合は、確定申告などの手続きが不要となります。

給与明細の例

| 所属氏名 | 所　　属 | 社員番号 | 氏　　名 |
|---|---|---|---|
| | | | 様 |

| | 基本給 | 時間外 | 休日出勤 | 深夜 | | 出張時交通費 | 勤怠控除 | 非課税通勤費 |
|---|---|---|---|---|---|---|---|---|
| 支給 | | | | | | | | |
| | | | | | | | | |
| 控除 | 健康保険 | 介護保険 | 厚生年金 | 雇用保険 | 社会保険合計 | 課税対象額 | 所得税 | 住民税 |
| | | | | | | | | |
| | | | | | 総支給金額 | 控除合計額 | 差引支給額 | 現金支給額 | 銀行振込額 |

【正社員（42歳）の給与明細の例】
・「時間外」とはいわゆる残業代のことです。
・厚生年金、健康保険、雇用保険（失業等給付分）、介護保険（40歳から）の各保険料の半分が、月々の給与から引かれます。なお、厚生年金の保険料には、国民年金の保険料も含まれています。また、労災保険の保険料は、全額事業主（会社）負担なので、引かれることはありません。
・所得税、住民税が月々の給与から引かれます。

## 5　コンプライアンス

### (1) コンプライアンスとは

　コンプライアンスとは、本来は、法令遵守（じゅんしゅ）、すなわち法律違反をしないことという意味ですが、現在では、法律を守ることは当然としながら、法律よりも厳しいルールを積極的に整備することで、企業などのブランド・イメージの低下防止を図っていくという意味で用いられています。

### (2) 企業の社会的責任（CSR）とは

　企業の社会的責任（CSR：Corporate Social Responsibility）とは、企業が事業活動を行う中で、社会的な公正さや環境への配慮などを通じて、消費者や取引先、地域社会、株主、従業員などに対して責任ある行動を取るべきという考え方のことをいいます。上記のコンプライアンスや、コーポレートガバナンス（企業統治）、ディスクロージャー（情報開示）といったものも、企業の社会的責任の1つとして捉えられています。

| 企業の社会的責任（CSR） | |
|---|---|
| コンプライアンス（法令遵守） | 企業活動を行う上で、法律のみならず、企業倫理や社内規定など、法律よりも厳しいルールを整備し、これらを遵守すること。 |
| コーポレートガバナンス（企業統治） | 経営者による不祥事を防止するため、企業活動を監視する仕組みを強化すること。 |
| ディスクロージャー（情報開示） | 企業が投資家や株主、債権者などの意思決定のために、経営実績や財務内容、業務状況などの企業情報を公開すること。 |

## 6　SNSの利用と心得

### (1) SNSとは

SNS（Social Networking Service）とは、インターネットを利用して、個々人の間におけるコミュニケーションを促進し、社会的なネットワークの構築を支援するサービスのことをいいます。

### (2) SNSの利用の心得について

SNSを利用する場合は、情報の性質やインターネットの問題点をよく理解することが必要です。

情報には、人に渡しても無くならないという残存性、簡単にコピーできるという複製性、短時間で広まるという伝播性という性質があります。インターネット上の情報は、これらの性質が特に強くなります。インターネット上の情報は、信憑性や信頼性に乏しく、虚偽や無責任なものも多いため、このような不適切な情報も、またたく間に広がり、半永久的に残ってしまうことになります。

また、インターネット上では、プライバシーの侵害や名誉毀損などの人権侵害、個人情報の流出など、様々なトラブルが発生しています。さらにインターネットを利用していないと精神的に落ち着かず、日常生活や健康面、精神面などに悪影響を生じるネット依存症の問題も指摘されています。

これらの点に十分注意して、適切な利用を心がけていくことが求められます。

## 確認問題

次の1.から10.までの（　　）内にあてはまる適切な用語を入れてください。

1. PDCAサイクルのPDCAとは、（ ① ）（ ② ）（ ③ ）（ ④ ）の頭文字を取ったものであり、どのようなプロセスで仕事を進めていけば、効率よく仕事をすることができるのか、より良い仕事ができるのかを考える理論のことである。

2. 職場のルールには様々なものがあるが、法律や社会規則だけでなく、社会人としての（ ① ）を守る、言葉づかいに気を付ける、上司への報告・連絡・相談を忘れない、同僚と（ ② ）を密に図るなどといった、いわゆる（ ③ ）も大切な職場のルールであるといえる。

3. 債務者が債務を実行しないことを（ ① ）という。この場合、債権者は、契約を（ ② ）することができるほか、裁判所に訴えることにより、その履行を（ ③ ）することができる。また、債務者が債務の履行をしないことによって債権者に何らかの損害が発生した場合は、債権者は債務者に（ ④ ）を請求することができる。

4. 消費者保護の観点から、消費者が事業者との間の契約を一方的に解約できる制度として、次のようなものがある。
   - （ ① ）制度…訪問販売や電話勧誘販売など特定の取引によって商品等の購入の契約をした消費者は、一定期間内であれば、一方的に契約の解除をすることができる。
   - （ ② ）に基づく契約の取消…消費者が、事業者側の不適切な勧誘方法によって契約をしたときは、これを取り消すことができる。

5. 知的財産権には、次のようなものがある。
   - 書籍や音楽、映像のほか、Webサイトなどを作成した者に与えられる権利のことを（ ① ）という。
   - これまでに存在しなかった発明をした者に与えられる権利のことを（ ② ）という。
   - 企業や商品・サービスに付けられるマークやブランドを財産として保護する権利のことを（ ③ ）という。

6. 一般に、正社員になると、医療保険の1つである（ ① ）に加入する。この場合の保険料は、社員と会社が（ ② ）負担する。（ ① ）に加入できない非正社員や自営業者は、（ ③ ）に加入することになる。

7. 一般に、正社員になると、（ ① ）と（ ② ）の2つの年金保険に加入する。

8. （ ① ）は、失業した場合や、育児休暇などを取得した場合に、一定の金銭が

支払われる社会保険であり、（ ② ）は、仕事中や通勤途中のケガなどに対して、一定の給付を行う社会保険である。

9．個人の所得に課税される税金のことを（ ① ）という。給与所得者は、毎月の給与などから（ ① ）が徴収されるが、これを（ ② ）という。

10．法律よりも厳しいルールを積極的に整備することで、企業などのブランド・イメージの向上を図っていくことを（ ① ）という。（ ① ）は、コーポレートガバナンス（企業統治）やディスクロージャー（情報開示）と同様、（ ② ）の1つとして捉えられている。

# 第2章 会議業務

## 本章のポイント

仕事はチームワークです。したがって仕事を進めていく上で会議は不可欠です。会議の種類や形態は様々であり、それぞれによって準備や運営の仕方も異なります。一方で、会議に時間を費やし、本来業務が滞りがちな現状についての指摘もあります。

この章では、効果的な会議を行うために、まず会議を運営する立場として、会議の準備や運営、終了後の処理についての方法を学びます。続いて、会議に出席する立場として必要な知識や心構え、発言の方法などを学びます。また、会議の効率化についても、その要点の理解と認識を深めます。

## 1 会議の種類と取組み方

### (1) 会議の種類

会議は、次のような種類に分けることができます。

① 決定会議

株式会社における株主総会や取締役会などのように、法律で開催や方式などが規定されているものをいいます。主に、組織全体にかかわる重要な事項を決定します。

② 調整会議

組織内の各部署間の対立点や疑問点などを解消するために行われる会議です。

③ 企画会議

問題を分析してアイデアを出し合うなど、問題解決策を導き出すために行われる会議です。

④ 伝達会議

決定事項や必要な情報を一度に多数の者に伝えるために行われる会議です。連絡会議や報告会議と呼ばれることもあります。

### (2) 会議の取組み方

実際に会議を運営する場合は、会議の形式や、準備、運営の方法などについて十分な知識を身に付けておく必要があります。また、会議に参加する場合も、事前の準備を十分に行うことや、参加にあたっての心構えについて学ぶことが必要です。

## 2　会議の運営

　会議の運営を効果的に行うためには、会議の種類や目的に応じて、会議の形式や会場のレイアウトを適切に選択する必要があります。

### (1) 会議の形式

　代表的な会議の形式には、次のようなものがあります。

#### ①　フリー・ディスカッション（Free Discussion）

　席次などを気にせずに、自由な雰囲気で率直な意見を話し合う会議形式です。お互いの考えを理解し合うのに適しており、フリー・トーキングとも呼ばれます。

#### ②　ブレーン・ストーミング（Brain Storming）

　相手の意見を批判しないなどといったルールに基づいて、自由に多様な意見や情報を出し合い、独創的なアイデアを引き出すための会議形式です。商品開発やキャッチフレーズなどを決める際によく使われます。

#### ③　パネル・ディスカッション（Panel Discussion）

　あるテーマについて異なる意見をもつ代表者（パネリスト）たちが、参加者の前で座談会の形で討議し、その後、参加者とパネリストの間で話し合う形式です。参加者の見解や知識を深めるのに適しています。

#### ④　シンポジウム（Symposium）

　あるテーマについての専門家（シンポジスト）が、それぞれの立場から、講演形式で意見を述べ、その後、参加者が専門家に質問や意見を述べたりする形式です。専門的な知識を深めるのに適しています。

#### ⑤　フォーラム

　公開討論会ともいわれ、ある問題について、何人かが異なる面から意見を述べ合い、議論する形式です。シンポジウムと同じように使われますが、フォーラムは、物事を討論し決定する場であり、シンポジウムは意見交換の意味合いが強いという違いがあります。

### (2) 会場のレイアウト

　会議を効果的に進めるには、会場のレイアウトも大きく影響します。代表的な会場のレイアウトには次のようなものがあります。

#### ①　円卓式

　お互いの顔が見え、自由な雰囲気作りに向いているレイアウトです。円卓に座ることにより司会者を含め出席者全員が対等な立場に立つことになるため、意思決定会議やブレーン・ストーミングなどに適しています。

#### ②　ロの字式

　円卓式より人数が多いときに使われるレイアウトです。出席者全員が顔を合わせることができ、お互いの意見や参加者の状況を共有することができるので、意見の調整会議など

に適しています。さらに人数が増えた場合には、二重のロの字にすることもできます。

　③　コの字式・V字式

　ホワイトボードやスクリーンなどを使う発表会や研修会、プレゼンテーションを行う場合に適したレイアウトです。メンバーからリーダーやスクリーンなどが見やすく、リーダーからも全員を把握することができます。

　④　教室式

　人数が多い会議や情報伝達を目的とするときは、テーブルを前方に向けて並べるレイアウトが適しています。出席者同士の意見のやりとりは難しくなりますが、情報伝達を目的とする場合は、質問が出にくいことから、会議を円滑に進めることができます。

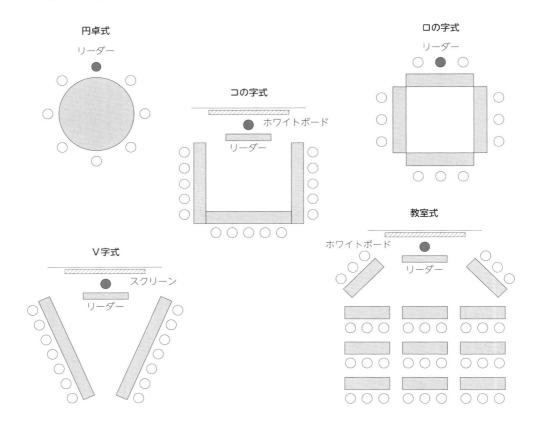

**(3) 会議の準備**

　①　開催の目的

　会議の運営を担当する場合は、会議の開催目的を明確にする必要があります。何を討議し決定する会議なのか、会議の目的をしっかりと把握しましょう。

　②　議題の決定

　会議の目的にそって具体的な議題を決定します。上司や関係部署と相談の上、重要な案件から議題数を絞り込んでいく必要があります。

③　出席者の決定

議題にそって、会議の出席者を決定します。議題内容と直接関係がある人、議題に関して有益な情報をもつ人、議論の内容を理解しておいてほしい人などの参加を求めることになります。

④　日時・場所の決定

会議の日時・場所を決定します。参加者の都合や業務スケジュールなどを事前に把握した上で、出席者数が最大限になるよう調整する必要があります。

⑤　開催の案内

文書または電子メールなどを使って、関係者全員に会議の開催案内を行います。会議名、日時・場所、主催担当者、出席者の顔ぶれ、出席者側が用意しておく資料などについて案内します。

文書による開催案内（例）

```
                                                      ○○年○○月○○日
    部長各位

                        月例部長会議開催の案内

                                                           総務部長

    標記会議について、下記のように行います。
    なお、欠席される場合は、担当者までお知らせください。

                              記

    日　時：○○年○○月○○日（○）　○○：○○～○○：○○
    場　所：本社第１会議室
    議　題：○○○○○について
                                                             以上

                                         担当：総務課　○○
                                             （内線　○○○○）
                                         E-mail：○○@○○.○○.○○
```

電子メールによる開催案内（例）

```
差出人：
宛　先：
件　名：第〇回定例会議の開催について

  関係者各位

  次のとおり定例会議を行いますので、ご出席ください。

    日　時：〇〇年〇〇月〇〇日（〇）　〇〇：〇〇～〇〇：〇〇
    場　所：第1会議室
    議　題：1．〇〇〇〇
            2．〇〇〇〇　　ほか
    添付ファイル：会議資料「〇〇に関する資料」
  以上

  ＝＝＝＝＝＝＝＝＝＝＝＝＝＝＝＝＝
  （担当者の部署名・氏名等）
  ＝＝＝＝＝＝＝＝＝＝＝＝＝＝＝＝＝

添付ファイル：会議資料「〇〇に関する資料」
```

⑥　配付資料

　配付資料には、事前に配付する資料と、会議当日に配付する資料とがあります。また、印刷して渡す場合と、電子メールに添付して送付する場合があります。出席者があらかじめ議題について把握できるよう、事前に配付できる資料はなるべく出席者に渡しておくのが良いでしょう。

　なお、配付資料に個人情報や企業機密に関する事項が記載されている場合は、「部外秘」などと明記します。また、このような資料は、会議終了後に回収してシュレッダーにかけるなど、取扱いに注意する必要があります。

⑦　備品の準備

　開催日が近づいてきたら、会議に使用する備品を準備します。備品は会議場にすでに設置されている場合と、手配が必要な場合があります。

　資料説明時にプレゼンテーションソフトを使用する場合は、パソコンやスクリーン、プロジェクター等の設置場所や、操作手順を事前に確認する必要があります。そのほか、ホワイトボードやボイスレコーダーを使用する場合も、事前に準備・確認を行っておきましょう。

⑧　会場設営

　会議の目的や参加者数などを考慮した上で、会議の目的や性質に適した会場レイアウトを整える必要があります。

## （4）会議開始後
### ① 出欠の確認
出席者リストで出欠を確認します。会議の開始時刻になっても会議室に来ない参加予定者があれば、上司に報告し、直接連絡するなどの対応を行います。

### ② 会議環境の調整
会議で使用するマイクやパソコンなどの備品に不具合が生じたり、配付資料に不足がある場合は、速やかに対応します。また、会議室の空調や採光、騒音などについても気を配るようにしましょう。

### ③ 議事録作成のための対応
議事録を作成するために会議の内容のメモをとります。ICレコーダーなどを利用して会議を録音する場合もあります。

### ④ 会議中の取り次ぎ対応
会議中に出席者へ電話等の連絡があった場合の対応方法について、事前に上司や関係者に確認しておく必要があります。会議中には取り次がない場合も、連絡の重要度・緊急度によって臨機応変に対応します。

### ⑤ 司会・進行
会議の司会・進行を担当する場合は、会議の目的や出席者を十分に理解し、それに応じた進行が求められます。司会・進行を担当する場合は、次のような点に注意しましょう。
- ◆議事内容に直接意見を言うことはできるだけ避け、全体の進行に気を配る。
- ◆出席者全員が発言できるように気を配り、出席者の参加意識を生み出す。
- ◆主題から外れた意見や、具体性のない意見が出されたときは、会議の目的を再確認し、議論の整理を行う。
- ◆特定の人の発言だけを重視したり、特定の人が批判の対象になったりしないように気を配る。
- ◆意見の共通点、対立点、問題点を随時確認する。
- ◆会議の結論に従い、各担当者に実行するようお願いする。

また、議論を進展させるためには、出席者に質問することも必要となります。出席者への質問方法については、次のような方法があります。
- ◆参加者全員への質問
  議論のきっかけを作るときや、反対意見のある人からの発言を促すために行う。
- ◆提案者への質問
  提案者が発言しやすくさせたり、提案内容の確認をするときなどに行う。
- ◆中継ぎ質問
  特定の人同士での発言が集中した場合に、ほかの人も発言できるよう仕向けるために行う。

さらに、会議の進行が思わしくない場合でも、司会・進行者には、それぞれの状況に応じた冷静な対応が求められます。

◆議論に参加しようとしない人がいる場合
　質問するなどして、積極的に発言・意見を求める。

◆発言しないと気が済まないような人がいる場合
　会議が始まってすぐに発言を求める。

◆他の者の発言中に議論に割り込んでくる人がいる場合
　発言が終わってからお願いするので、今しばらく待って欲しいと頼む。

◆どのようなことにも反対するなどして、会議の成立を妨害する人がいる場合
　会議開始前や休憩中に、発言内容や発言のタイミングについて、確認やお願いをしておく。

◆議論の内容が会議の目的から外れてしまった場合
　会議の目的を再確認し、話をいったん戻すようにしたいと出席者に伝える。

◆出席者間の意見対立が激しく、議論が進まない場合
　議論の対立点と一致点とを確認し、一致した点から議論を再開する。

### (5) 会議終了後

#### ① 会場の片付け

　会議終了後は、会議に使用した部屋のレイアウトを元に戻したり、使用備品の片付けや、簡単な清掃などを行います。電気や空調などのスイッチを切り、戸締まりなども確認しましょう。

#### ② 会議内容の確認と報告

　会議メモや録音記録を元に、会議の内容を確認の上、関連部署や関係者に報告をし、承認を受けます。

#### ③ 議事録の作成

　議事録は、どのようなことが議論され、どのようなことが決まったか、何が問題になったかなどを明確にすることで、後の確認資料とするほか、欠席者にもその内容を知らせ、コンセンサス（合意）を図るために作成するものです。

　議事録の作成にあたっては、正確な記載が求められます。特に、出席者の発言内容や、数字・データなどについては十分確認しましょう。また、全体を通し客観的に記載することも求められます。

　議事録への記載事項については、次のようなものが一般的です。ただし、取締役会など法定会議の議事録については、記載方法や内容について法律の規制を受けることがあります。

| 議事録への主な記載事項 |
|---|
| ・会議の名称、出席者名、開催日時、場所などの必要事項<br>・議題<br>・会議の経過と決定事項<br>・決定できなかった事項、保留事項<br>・決定事項に関する各出席者の分担と次回までの行動目標<br>・配付資料<br>・次回開催の日時、開催時の注意事項　など |

「会議の経過」の記載にあたっては、次のような点に注意しましょう。

　　◆誰が発言をしたのか、発言者名を記載する。
　　◆発言内容を簡潔にまとめて記載する。
　　◆最終決定に至ったプロセス（経過）がわかるように記載する。

会議での決定事項や保留事項の記載にあたっては、次のような点に注意しましょう。

　　◆何が決まって、何が決まらなかったのかをわかりやすく記載する。
　　◆いつまでに、誰が何をすることになったのかを記載する。
　　◆次回会議までに、誰がどのような意見や資料を提出することになったのかを記載する。
　　◆次回会議では、何を議論することになったのかを記載する。

　作成した議事録は、上司や関係部署からの承認を受けた後、速やかに関係者に配付します。また、所定の場所に一定期間保存しておくことで、関係者もその内容を知り、コンセンサスを得られるようにしておく必要があります。

## (6) 会議に関する用語

　会議の運営にかかわる用語を確認しておきましょう。

| 招　集 | 会議を開くために、関係者を集めること（ただし、国会の場合は「召集」） |
|---|---|
| 議　案 | 会議で協議する草案・原案 |
| 提　案 | 議案や意見を提出すること |
| 議　題 | 会議で討議するテーマ・課題 |
| 定足数 | 会議が成立するために必要とされる最小限度の出席者数 |
| 採　決 | 提出された議案について賛否を問うこと |
| 可　決 | 提出された議案を良いと認めて決めること |
| 否　決 | 提出された議案を認めないと決めること |
| 決議・議決 | 一定の事項につき、会議全体で意思決定をすること |
| 動　議 | 会議において、予定外の議題を提出すること |
| 委任状 | ある者に会議における決議等を委ねることで、会議の出席に代えることを記した書面 |
| 分科会 | 大きな会議などの場合、全体会議に対し、各専門分野に分かれて開く会議のこと |

## 3　会議の出席

### (1) 出席の準備
　会議に出席するときは、事前準備をしっかりしておきましょう。具体的には、次のような準備が必要です。
- ◆開催日時、開催場所、出席予定者、持参資料などを確認する。
- ◆通常業務に支障が出ないように、他の用件を済ませておく。
- ◆会議の目的を理解しておく。
- ◆議題に関連する資料を読んでおく。
- ◆自分の意見を整理しておく。
- ◆発表する場合は、配付資料を人数分用意し、質問に対する答えを考えておく。

### (2) 会議に臨む姿勢
　会議に出席するときは、次のような姿勢が求められます。
- ◆会議の開始時間、与えられた発言時間を守る。
- ◆司会者の指示に従い、会議が円滑に進行するように協力する。
- ◆メモをしっかりとる。
- ◆ほかの出席者の発言に対する傾聴を心がける。
- ◆積極的な発言を心がける。

### (3) 発言の注意点
　会議で発言するときは、次のような点に注意する必要があります。
- ◆司会・進行者の許可を得てから発言する。
- ◆指名されたときは、あまり間をおかないで話す（そのためには、自分の意見を事前に考えながら出席する必要がある）。
- ◆発言は簡潔に、要点をわかりやすく、短時間で話す。
- ◆感想を述べるのではなく、あくまでも意見を発表することを自覚して発言する。

　特に、議論を進めたいときや、意見が対立した場合などは、感情的にならないよう、冷静に自分の意見を述べることが求められます。そのような場合には、次のような心構えが必要です。
- ◆相手の意見を最後まで聴く。
- ◆断定的な言い方や独善的な言い方、感情的な発言などをしないように注意する。
- ◆反論する場合は、相手方の意見の問題点を簡潔に指摘して、自分の意見をはっきりと示す。
- ◆ほかの可能性も認めながら、自分の意見を主張する。
- ◆言い争いになることを避けるために、議論を長引かせないようにして、最終的な判断は、上司や司会・進行者に委ねる。

### (4) 会議でのタブー

どのような会議であっても、次のような不適切な態度をとらないよう十分注意しましょう。
◆メモをとらないなど、他人事のような態度をとる。
◆ずっと下を向いていたり、肘をついたり、椅子の背にもたれかかったりする。
◆携帯電話・スマートフォンを使う。
◆持参した飲物をテーブルに置く。または、それを飲む。
◆飴をなめたり、ガムを噛むなどする。

## 4 会議の効率化

### (1) 会議の効率化とは

効率化とは、物事が無駄なく効率よく行われるようにすることをいいます。限られた時間の中で有意義な議論を行い、より良い仕事を進めていくためには、会議を効率化することが求められます。

### (2) 会議の効率化に必要なこと

会議を効率化するためには、ここまでで学んできた会議の運営や参加の方法などをしっかりと身に付け、これを実践することがまずもって必要です。その上で、次のような点に注意しながら、効率的な会議が行われるよう努めていきましょう。

　◆会議を開催する意義は明確か

会議を開催する意義が不明確だと、有意義な議論を行うことができず、ただ集まっただけということになりかねません。例えば、伝達会議などは、文書やメールなどによる情報共有で十分な場合があります。まずは、会議を開催する目的や理由を明確にすることが必要です。その上で、次のようなことを確認します。

① 会議のメンバーは適切か

会議の進行に適した者が司会・進行者に選ばれていることや、議案の提案者や議題に関係する者が会議の中心となっていることが、会議の効率化には必要です。

② 配付資料などは適切か

会議で配付される資料は、質・量ともに適切である必要があります。例えば、報告資料が多すぎると、何を決める会議なのか不明確になってしまいます。また、議論が進んでいく中で必要になった資料や情報はすぐに取り出せるようにしておくと、より有益な議論を行うことができます。

③ 会議のルールが定められているか

非効率的な会議では、提案者が事前の準備をせず思いつきで発言する、あるいは、誰も何も発言しない、時間の管理（タイムマネジメント）がなされていないなどといったことが見受けられます。提案や発言に関するルールを定め、時間管理もしっかりと行う必要があります。

## 確認問題

次の１．から８．までの（　　　）内にあてはまる適切な用語を入れてください。

1. 一般に、問題を分析してアイデアを出し合うなど、問題解決策を導き出すために行われる会議のことを（　①　）という。また、組織内の各部署間の対立点や疑問点などを解消するために行われる会議のことを（　②　）という。

2. 相手の意見を批判しないなどといったルールに基づいて、自由に多様な意見や情報を出し合い、独創的なアイデアを引き出すための会議形式のことを（　①　）という。また、あるテーマについて異なる意見をもつ代表者たちが、参加者の前で座談会の形で討議し、その後、参加者とパネリストの間で話し合う会議形式のことを（　②　）という。

3. 出席者全員が顔を合わせ、お互いの意見や参加者の状況を共有することができることから、意見の調整会議などに適している会議の会場レイアウトは（　①　）式であるが、ホワイトボードやスクリーンなどを使う発表会や研修会、プレゼンテーションを行う場合に適したレイアウトは（　②　）式である。

4. 会議の運営を担当する場合は、会議の（　①　）を明確にする必要がある。その上で、（　①　）にそって具体的な（　②　）を決定し、出席者や日時・場所を決定すべきである。また、出席者があらかじめ議題について把握できるよう、会議で配付する資料は、なるべく（　③　）に配付するのが良い。

5. 議事録の作成にあたっては、（　①　）な記載が求められる。特に、出席者の発言内容や、数字・データなどについては十分に確認しなければならない。また、全体を通し、（　②　）に記載することも求められる。議事録に、会議の経過を記載するにあたっては、（　③　）した者の名前と（　③　）内容を簡潔に記載し、最終決定に至った（　④　）がわかるように記載すべきである。

6. 会議が成立するために必要とされる最小限度の出席者数のことを（　①　）という。提出された議案について賛否を問うことを（　②　）という。また、ある者に会議における決議等を委ねることで、会議の出席に代えることを記した書面のことを（　③　）という。大きな会議などの場合は、全体会議に対し、各専門分野に分かれて開く会議のことを（　④　）という。

7. 会議に出席するときは、会議の（　①　）を理解しておく、議題に関連する（　②　）を読んでおく、自分の（　③　）を整理しておく、などといった事前準備をしっかりと行うべきである。また、会議に出席するときは、（　④　）をしっかりとる、ほかの出席者の発言に対する（　⑤　）を心がける、積極的な発言を心がけるなどといった姿勢が求められる。会議で発言するときは、司会・進行者の許

可を得てから発言する、発言は（　⑥　）に（　⑦　）をわかりやすく短時間で話す、（　⑧　）を述べるのではなくあくまでも（　③　）を発表することを自覚して発言する、などといった点に注意する必要がある。

8．会議を効率化するためには、まず、会議を開催する（　①　）を明確にする必要がある。その上で、会議のメンバーや配付資料などは適切かどうか、会議の（　②　）が定められているかどうかもポイントとなる。会議における提案や発言の（　②　）を定め、（　③　）もしっかりと行う必要がある。

# ビジネス文書の基本

## 本章のポイント

　この章では、正しい文書の作り方と文書の取扱いについて学びます。文書には、口頭での表現・伝達に比べ、4つの特性があります。①広い範囲で長い期間にわたって伝達することができる、②客観性がある、③記録になり保存性がある、④証拠になる。このような特性を備えているため、最終的な事務処理は文書で行うのが一般的です。この考え方を「文書主義」といいます。また、現在は、ビジネスメールを頻繁に活用するので、その要点についても学びます。

## 1　ビジネス文書の特徴

　「本章のポイント」で、文書に関する4つの特性を挙げましたが、特に、ビジネス文書には、次のような特徴があります。文書作成の基本として学んでください。

### (1) 組織としての意思表示である

　組織内の誰が作成したものであっても、それらは個人として発信されるものではなく、必ず社名や部署名が表記されます。つまり、組織の発信であり、その責任は会社が負うのです。社内文書であっても社外文書であっても、部署の責任者や代表者が発信者となり、その受信者とは同格が基本ですが、担当者同士の文書交信であっても、常に組織を代表していることを自覚する必要があります。

### (2) 作成の目的によって種類分けされる

　文書作成には必ず目的があります。その目的が明確な文書でなければ意味をなさないのです。目的を大きく分けると次の4つになり、それぞれの文書に名称があります。
　① 行動を喚起させるもの…文書の受信者に行動を起こしてもらうことを目的とする
　　・提案書、指示書、依頼状、案内状、招待状、督促状など
　② 情報の連絡…相手の意思決定を求める、あるいは情報共有することを目的とする
　　・報告書、伺い書、通知書、連絡文書など
　③ 事実の記録…事実を記録し、業務の進捗を明確にすることを目的とする
　　・議事録、報告書、伝言メモなど
　④ 挨拶・感謝・好意を示す…社交や良好な関係保持を目的とする

・挨拶状、礼状、祝賀状、見舞状など

### (3) 事実を記録する

　会社法をはじめとして、様々な法律で記録と保存年限が決められているものがあります。また、法的な定めはなくても、業務遂行上、情報の蓄積として記録しておくものもありますので、文書規定に従う必要があります。

### (4) 書式に型がある

　ビジネスの慣習から、それぞれの種類によって一定の型が作られています。それは、一定の書式があれば、速く作成することができるだけでなく、新人が作成してもベテランが作成しても同一の文書を作ることができるからです。どこに何が書かれているかがわかれば、すぐに要点がわかるという利点もあります。

### (5) 「一件一葉（よう）」の原則がある

　「一件一葉」とは、1枚の文書に1件の内容を書くことです。一般的なビジネス文書には、件名（タイトル）を付けますが、1枚の文書に複数の内容を盛り込むと、件名が複雑になり、保管や活用の際にも混乱するため、この原則が設けられています。

## 2　文書作成の留意点

　用件の書き漏れがないように、5W 3Hを意識しながら文章を組み立てます。

### (1) 正確に書く

　誰が書いたとしても、組織として発信する文書です。事実を正確に書かなくてはいけません。記憶だけで書くことのないよう、データや資料を照らし合わせながら書くことが大切です。

### (2) 簡潔に書く

　儀礼的な言葉は必要最小限にして、文書の目的や内容について、簡潔に、具体的に書きます。

### (3) 読みやすく、誰にもわかるように書く

　誰が読んでも読みやすく、内容がわかるものでなければなりません。読みやすくてわかりやすい文章表現の技法を学んでいきましょう。

### (4) 礼儀正しく書く

　尊敬語・謙譲語・丁寧語など、正しく敬語を使い分けることで、相手への敬意が感じられ、信頼関係が生まれます。相手のことを思いやり、心を込めて書きましょう。

## 3　文書表記の基本

### (1) 箇条書き

　内容をいくつかに分け、項目立てして並べることを箇条書きといいます。ビジネス文書では、箇条書きを活用します。伝えたいことを文章の中にすべて書き込んでしまうと、読

み手が理解するのに時間がかかりますが、箇条書きにすると、伝えたい内容が見た目にもわかりやすく、読みやすくなる利点があります。

### (2) 改行

改行は、文章を読みやすくするための方法です。話の内容や視点を変えるときに、改行し、次の段落で1字分空けてから書き始めます。Eメールでは、行頭をそろえて書くのが一般的ですが、その場合、1行分の行間を空けてわかりやすくします。Eメールとは書き方が違うので、注意が必要です。

### (3) 句読点と符号

文章の前後の関係を明確にし、読み手にわかりやすくするため、主に次のような句読点や符号が用いられます。

| 読み方 | 記号 | 意味 | 使用例 |
| --- | --- | --- | --- |
| 句点（くてん） | 。 | 1文の終わり | 今日は、富士山がきれいに見えた。 |
| 読点（とうてん） | 、 | 1文中の意味・つながりの区分け | 私は、リボンの付いた、赤い箱を渡して、…。 |
| 中黒（なかぐろ） | ・ | 言葉の並列 | 支店は、札幌・名古屋・神戸にあります。 |
| コンマ | , | 英文や数字の区切り | Just moment, Please. ¥123,456,789 |
| 波形（なみがた） | 〜 | 期間や区間の表示 | 会議は、13時30分〜16時の予定です。 |
| 米印（こめじるし） | ※ | 注意書きなどの表示 | ※雨天の場合は、会場を変更します。 |
| アスタリスク | * | 注意書きや脚注などの表示 | *○○大学調査2019 |

### (4) 数字の表記

一般的な横書き文書であれば、数値を表す数字は、算用数字（１２３…）を用い、3桁ごとにコンマ（,）記号をつけ、縦書き文書であれば、漢数字（一二三…）を用います。また、見出しの数字として、ローマ数字（ⅠⅡⅢ…、ⅰⅱⅲ…）を用いることもあります。

ただし、横書き文書であっても、次の区分では漢数字を用います。

| 区　分 | 使用例 |
| --- | --- |
| 固有名詞 | 九州、八王子、六本木、北斗七星、八木部長 |
| 熟　語 | 一朝一夕、一石二鳥、三寒四温、七転び八起き |
| 概　数 | 二、三日、十数人、数千円 |

### (5) 基準点を示す語句

正しく伝えるための基本として、曖昧な用語や二通りに解釈できる語句を正しく使い分ける必要があります。特に、基準点を示す用語を曖昧に使うと、大きな問題になることがあります。次の用語と意味を確実に覚えましょう。

| 区分 | | 用語 | 使用例 | 解釈・意味 |
|---|---|---|---|---|
| 基準点を | 含む | 以上 | 20人以上 | 20人、21人、22人… |
| | | 以下 | 20人以下 | 20人、19人、18人… |
| | | 以前 | 5月1日以前に入居 | 5月1日、4月30日 |
| | | 以後、以降 | 5月1日以後（以降） | 5月1日、5月2日 |
| | | はじめ | 部長はじめ8名 | 全員で8名 |
| | | ら（等） | 部長ら8名 | |
| | 含まない | 超える・超 | 20人を超える・20人超 | 21人、22人、23人… |
| | | 満たない・未満 | 20人に満たない・20人未満 | 19人、18人、17人… |
| | | 前までに | 5月1日の前までに | 4月30日、4月29日… |
| | | ほか（外） | 部長ほか8名 | 全員で9名 |

## 4　正しい文章表現

### （1）よじれのない文章であること

　文章のよじれには、次のようなものがあります。文脈が整っているか、重複している語句がないかなどを再確認することが大切です。

　① 主語と動詞（述語）が合っていない
　（例）・部長から私に書類を渡した。→部長が私に書類を渡した。／部長から私に書類を渡された。
　② 語句が重複している
　（例）・約100万円ほどの見積もり→約100万円の見積もり／100万円ほどの見積もり
　③ 文脈（時制の一致等）が合っていない
　（例）・おそらく彼は決心したのだ。→おそらく彼は決心したのだろう。

## (2) 類義語・同音異義語の使い分け

類義語とは、意味は似ているが使い分けが必要な言葉のことをいいます。いくつかの例をあげてみます。

| 言葉 | 読み方 | 意味 | 使用例 |
|---|---|---|---|
| 改正 | かいせい | 改め正すこと、法令などを改めること | 規則を改正する |
| 改定 | かいてい | 新たに取り決め、定めること | 料金を改定する |
| 改訂 | かいてい | 書籍の内容を改め直すこと | 本を全面的に改訂する |
| 決裁 | けっさい | 権限者が部下の案の可否を決めること | 部長の決裁を仰ぐ |
| 採決 | さいけつ | 会議で議案の可否を決めること | 記名式で採決する |
| 裁決 | さいけつ | 物事の理非を上級者が決めること | 行政庁の裁決を仰ぐ |
| 譲渡 | じょうと | 権利や財産を他人に譲り渡すこと | 土地・建物を譲渡する |
| 委譲 | いじょう | 権限を上位者から下位者へ委ねること | 決裁権を会長から社長へ委譲する |
| 弁償 | べんしょう | 相手に与えた損害に対して償うこと | 損害を弁償する |
| 補償 | ほしょう | 受けた損害を埋め合わせること | 損害による補償金を受ける |

同音異義語とは、読み方は同じですが、意味が異なる言葉のことをいいます。次の一覧を参考にしてください。

| 読み方 | 言葉 | 意味 | 使用例 |
|---|---|---|---|
| あたたかい | 暖かい | 体感する暖かさ（反対：寒い） | 暖かい部屋、暖かい季節 |
| | 温かい | 実感する温かさ（反対：冷たい） | 温かい料理、温かい配慮 |
| うつす | 移す | 位置や状態を他の所に変える | 机を窓側に移す、関心を移す |
| | 映す | 鏡・スクリーンなどに投影する | 映画を映す、鏡に映す |
| | 写す | 姿・形をその通りにまねして表す | ノートに写す、写しを取る |
| おさめる | 収める | 中に入れる、手に入れる | 勝利を収める、丸く収める |
| | 納める | 渡すべき金銭を支払う、落ち着く | 会費を納める、社長のポストに納まる、仕事納め |
| | 治める | 支配する、鎮める | 国を治める、痛みが治まる |
| | 修める | 修得する、心や行いを正しくする | 学業を修める、身を修める |
| はかる | 図る | 計画を立て、実現を目指す | 仕事の合理化を図る、便宜を図る |
| | 測る | 長さ、深さなどを調べる | 寸法を測る、子どもの能力を測る |
| | 計る | 時間や程度を調べる | タイムを計る、損失は計り知れない |
| | 諮る | 他人の意見を問う | 会議に諮る |
| | 量る | 重さや容積を調べる、推量する | 体重を量る、気持ちを推し量る |
| | 謀る | 密かに企てをもくろむ、だます | 悪事を謀る、謀られてしまう |

# 5　現代仮名づかい

## (1) 送り仮名の付け方

「送り仮名の付け方」については、「単独の語」と「複合の語」「活用のある語」と「活用のない語」など、語の性質や成り立ちによって7つの通則に分類されています。さらに、それぞれの通則の中に、「例外」や「許容」を設けているため、大変複雑になっているので、辞書などを使い、正しい表記を確認することが大切です。

ここでは、「例外」「許容」の一部についてみてみます。

| | |
|---|---|
| 通則1 | 活用のある語は、活用語尾を送ることが原則ですが、次の語は（　）内のように活用語尾の前の音節から送ることができる。<br>　表す（表わす）、著す（著わす）、行う（行なう）、断る（断わる）、賜る（賜わる） |
| 通則2 | 読み間違えるおそれのない場合は、活用語尾以外の部分について、次の（　）内のように送り仮名を省くことができる。<br>　浮かぶ（浮ぶ）、生まれる（生れる）、押さえる（押える）、聞こえる（聞える）、落とす（落す） |
| 通則3 | 活用のない語は、最後の音節を送る。<br>　辺り、哀れ、全て、幸い、幸せ、互い、便り、数をかぞえる<br>　「つ」を含む名詞は「つ」を送る：一つ、二つ、三つ、幾つ |
| 通則4 | 読み間違えるおそれのない場合は、次の（　）内に示すように、送り仮名を省くことができる。<br>　曇り（曇）、届け（届）、向かい（向い）、答え（答）、問い（問）、憩い（憩）、祭り（祭） |
| 通則5 | 次のように、（　）内の語を含む場合は、含まれている語の送り仮名の付け方により送る。<br>　併せて（併せる）、至って（至る）、恐らく（恐れる）、従って（従う）、少なくとも（少ない） |
| 通則6 | 複合の語で、読み間違えるおそれのない場合は、次の（　）内に示すように送り仮名を省くことができます。<br>　申し込む（申込む）、引き換え（引換え）、立ち居振る舞い（立居振る舞い・立居振舞） |
| 通則7 | 慣用に従って、送り仮名を付けないものがある。<br>　取締役、書留、気付、小包、繰越、取引、代金、引換、申込、日付、水引、受付、受取 |

## (2)「お」と「う」の使い方

長音の「お」と「う」については、使い分けが必要です。長音の原則は、母音のア列は「あ」（例：おかあさん）、イ列は「い」（例：おにいさん）、ウ列は「う」（例：ふうふ）、エ列は「え」（例：おねえさん）と表記しますが、オ列については「う」（例：おとうさん）となります。ただし、次に挙げるものは長音扱いにはならないので、「おお」と書きます。

憤る（いきどおる）、多い（おおい）、覆う（おおう）、大方（おおかた）、狼（おおかみ）、大きい（おおきい）、仰せ（おおせ）、概ね（おおむね）、公（おおやけ）、氷（こおり）、遠い（とおい）、通る（とおる）、滞る（とどこおる）、頬（ほお）、朴木（ほおのき）

### (3) 「じ」と「ぢ」、「ず」と「づ」の使い分け

現在は、「じ」と「ず」で表記するのが原則になっています。次に挙げるものは、「ぢ」と「づ」の表記が残っている語句です。

> ＊同音の連呼：ちぢむ（縮む）、つづく（続く）、つづみ（鼓）、つづる（綴る）
> ＊2語の連合：ちかぢか（近々）、はなぢ（鼻血）、まぢか（間近）、めぢから（目力）、こづつみ（小包）、はこづめ（箱詰め）、みかづき（三日月）、みちづれ（道連れ）

## 6　メールの書き方

　メールは、自分の手元で、都合の良いときに文章を入力し、瞬時にどこにでも届けることができることや、1つの原稿を複数の人に同時に送信することができることから、名刺にE-mailアドレスを記載することが一般的になっています。だからこそ、失礼のないメールの書き方や送り方について十分に理解する必要があります。

### (1) メール作成の注意点

　① 件名は正しくわかりやすく、一通一用件で

　ビジネス文書の件名と同じように書くのが基本です。メールを開いたとき、すぐに用件が伝わる表現にします。

（例）第8回営業戦略会議について（開催通知）、新製品発表会のご案内など

　② E-mailアドレス

　名刺にも記載するので、ニックネームなどの個人的なアドレス表記は使わず、自分の氏名や組織名がわかるようなものを登録します。

　③ 署名

　発信者のデータ（氏名・社名・部署名・連絡先など）を登録しておきます。

　④ 受信者名

　まず初めの行に、受信者名（会社名・部署名・役職名・個人名）を入力します。一般的には、会社名・部署名を1行目に、2行目に役職名と個人名（敬称付）を入力し、次の本文との間に空白行を入れます。

　⑤ 本文

　簡単な挨拶文を1行程度入れます。次に、主文（メール送信の用件内容）を入力します。その後は、改行、空白行などを入れながら、箇条書きも活用し、読みやすい文章になるようにします。最後は、締めの挨拶をし、署名を付ければメールの完成です。

　⑥ メールの体裁

　メールは、迅速・簡潔が基本なので、全体的に左寄せで入力するのが一般的です。したがって、受信者名、改行の区切りや箇条書き、発信者名など、それぞれの段落の間に空白行を1行入れて、見やすい工夫をします。

⑦　発信時の注意

　メールは、すぐ送りたいときに利用するため、文書に比べ、十分に見直さない傾向があります。急いで作成する分、漢字の変換ミスなどもあるため、送信ボタンを押す前に、必ず文章を読み直し、誤字・脱字、添付ファイルのチェックなどをすることが大切です。

## (2)「TO」「CC」「BCC」の使い方

　「TO」「CC」「BCC」には、それぞれ次のような特徴があります。それぞれを適切に使うことが重要です。

① TO：「TO」欄には、メールを送る相手のメールアドレスを入力します。「宛先」に複数のメールアドレスを入力すれば、同じメールを一度に送ることができます。

② CC：カーボン・コピー（Carbon Copy）の略です。カーボン・コピーとは、複写の意味です。「TOの人に送ったので、念のため見てください」という意味です。参考・情報共有に使います。TOの人が受信者ですので、CCの人は原則、返信をしません。CCを使う場合は、本文の受信者名の下の方に、CCで送る人を「（CC：○○様）」と明記します。このように明記しないと、「TO」で受信する人が、CCが入っていることに気付かないことがあります。その場合、送信者だけに返信してしまい、共有が漏れることもあり、また、不適切な内容を書いて全員に返信してしまう可能性もあります。メールを受け取ったときに、誰が受信しているのかがわかれば、トラブルを防ぐことができます。

③ BCC：ブラインド・カーボン・コピー（Blind Carbon Copy）の略です。「BCC」に入力されたメールアドレスは、TOやCCや他のBCCでの受信者には表示されません。TO、CC、BCCの受信者に、他の受信者がいることを隠したい場合や、受信者のメールアドレスがわからないようにして送りたい場合は、「BCC」欄を使います。次のような場合に、BCCを活用します。

（例）・取引先へのメールを、念のため上司に報告しておきたいとき

　　　・面識がない複数の相手にメールを送るとき

　　　　※「一斉配信のためBCCで失礼します」と一言入れると良い。

　　　・個人のスマートフォン、携帯電話など、他の端末にも送っておきたいとき

```
┌─────────────────────────────────────────────────┐
│ ┌─メール画面の例─┐                              │
│ 差出人：鈴木　愛子<aiko-suzuki@○○○○.○○.○○>  │
│ Ｔ　Ｏ：山田　太郎<t.yamada@○○○○.○○.○○>    │
│ Ｃ　Ｃ：                                        │
│ ＢＣＣ：                                        │
│ 件　名：モバイルノートパソコン処分市のご案内    │
│ 日　時：○月○日　○○：○○                    │
│ ┌─────────────────────────────────────────┐  │
│ │○○大学 法人事務局 総務課                 │  │
│ │　課長　山田　太郎 様                      │  │
│ │                                           │  │
│ │いつもお世話になっております。○○株式会社営業三課の│
│ │鈴木でございます。                         │  │
│ │標記の件、大学法人様限定でご案内させていただきます。│
│ │詳細につきましては、添付ファイルをご覧いただき、│
│ │ぜひともご来場賜りますよう、お待ちしております。│
│ │今後ともよろしくお願い申し上げます。       │  │
│ │                                           │  │
│ │==========================                 │  │
│ │○○株式会社営業三課　鈴木愛子             │  │
│ │TEL 000-000-0000　FAX 000-000-0000         │  │
│ │==========================                 │  │
│ └─────────────────────────────────────────┘  │
│ 添付ファイル：モバイルノートパソコン処分市のご案内│
└─────────────────────────────────────────────────┘
```

# 7　文書管理

　事務業務では、日々多くの情報を取り扱っています。これらの情報をどのように活用して、どのように処理していくかという一連の流れを体系化したものをファイリング・システムといいます。この流れを十分に理解し、的確に仕事を進めることが求められます。

## (1) 文書管理の流れ

　文書業務の流れとは、文書の作成、受発信から保管、保存、廃棄に至るまでの過程を指します。それぞれの組織では、「文書管理規程」といったものを定め、組織で文書の共有化を図り、情報の有効活用をしているのです。

　オフィスでは、新しい文書が発生し、日々量が増えていきます。それらを活用するために、一般的には前年度と当年度のものをキャビネット等に入れ、オフィス内に保管します。その後、一定の時期に使用頻度が低くなったものを書庫などに移して保存します。同時に不要になったものは廃棄します。保存年限が法律で決められている文書があります。それらは次の表のとおりです。

| 主な文書の法定保存年限 | | |
|---|---|---|
| 永久保存 | ①定款、株主総会議事録、株主名簿<br>②特許、実用新案、意匠等知的所有権等の関係書類<br>③社是社則、労働組合との協定書、事業計画関係書類 | 商法<br>特許法 |
| 10年保存 | ①商業帳簿および営業に関する重要書類<br>　貸借対照表、損益計算書、営業報告書、利益処分案、総勘定元帳、株式申込書、株式割当簿、株式名簿、株式名義書換票 | 商法 |
| 7年保存 | ①取引に関する帳簿<br>　仕訳帳、固定資産台帳、手形台帳、有価証券台帳、売掛台帳、売上帳など<br>②決算に関し作成される書類<br>　棚卸表、製造成績、製造実績 | 法人税法 |
| 5年保存 | ①一般健康診断票<br>②棚卸資産の引渡し・受入れに際して作成された書類 | 労働安全衛生法<br>法人税法 |
| 3年保存 | ①労働者名簿<br>②雇用・解雇・退職に関する書類 | 労働基準法 |
| 2年保存 | ①雇用保険に関する書類<br>②健康保険・厚生年金保険に関する書類 | 雇用保険法<br>健康保険法 |

## (2) 重要文書・機密文書の扱い

　それぞれの組織には、「文書管理規程」が定められていますので、確実に規程を守り、保管に努めますが、特に、機密文書については、施錠できる場所に保管し、管理台帳等を備えるなど、適正な管理が求められます。

　機密文書は、通常、次の3つの区分に分けられます。
① 「極秘文書」：組織の中でもごく一部の社員のみに共有される特別な情報で、秘密保全の必要度が極めて高いもの（情報の漏えいが企業に損害を与える内容など）
② 「秘文書」：組織の中でも関係者以外には公開しない情報で、限られた社員のみが閲覧でき、秘密保全の必要度は極秘文書の次に高いもの（個人情報など）
③ 「社外秘文書」：社内では情報の共有はできても、外部には公開してはいけない情報で、許可なく社外に持ち出すことは禁じられているもの（顧客リストや企画書など）

　また、機密文書の取り扱いについては、次のような配慮や行動が必要です。
① 取り扱い中に、関係者以外の人が近づいてきた場合は、さりげなく裏返す。
② 席を立つときは、引き出しにしまうなど、人目に触れないようにする。
③ コピーを取る際は、人がいないときに取る。原紙をコピー機に残さない。
④ 配付するときは、ナンバリングをして、書類の枚数を常にチェックする。
⑤ 貸し出すときは、閲覧台帳などを用いて管理する。

⑥　持ち歩くときは、社内ならば、封筒に入れ、機密文書であることがわからないようにする。社外ならば、封筒の文書をさらにビジネスバッグなどに入れ、手から離さない。

⑦　郵送の必要がある場合は、簡易書留などを利用し、万一のために追跡調査ができるシステムを利用する。

### (3) ファイリング

ファイリングとは、様々な文書を効率良く、分類、整理、保管することで、いつでも、だれでも情報の共有化ができるようにするシステムです。

ファイリング・ツールにはいろいろな種類があるので活用すると、効率的な文書処理ができます。

なお、e-文書法が施行されてから、商法や税法などで企業が一定期間保存する必要のある書類でも、一部の例外を除いて、電子化することが認められました。紙媒体の書類も、PDF（Portable Document Format：ポータブル・ドキュメント・フォーマット）化して保存すれば、書き換えられることはありません。その場合は、書庫に鍵をかけるのと同様に、電子ファイルにも鍵（パスワード）をかけ、アクセス権限を厳格にすることで、セキュリティも確保できます。

なお、電子ファイリングの留意点としては、記憶媒体のハードディスクにも耐用年数があるので、定期的にデータのバックアップ処理を行うことが必要です。

---

### ✎ 確認問題

文書は、作成の目的によって種類分けされます。それぞれにどのような文書があるでしょうか。下の語群から文書名を選んで、記入してください。

①　行動を喚起させるもの
　（　　　　）（　　　　）（　　　　）（　　　　）（　　　　）

②　情報の連絡
　（　　　　）（　　　　）（　　　　）

③　事実の記録
　（　　　　）（　　　　）（　　　　）

④　社交を目的とするもの
　（　　　　）（　　　　）（　　　　）（　　　　）

| 礼状 | 議事録 | 提案書 | 見舞状 | 依頼書 | 連絡文書 | 伝言メモ |
| 挨拶状 | 報告書 | 案内状 | 指示書 | 祝い状 | 伺い書 | 督促状 |

# 第4章 社内文書の作り方

## 本章のポイント

社内での指示・命令・報告・連絡などを行う文書を、社外に発信する文書に対して社内文書といいます。文書は、常に正確、簡潔、丁寧であることが重要ですが、社内文書の場合は、頻繁に発生するため、迅速に作成する必要があります。要点を箇条書きする、様式を利用して効率よく作成するなど、工夫をしなければなりません。この章では、これらの基本的な書き方と、標準化された書式など、作成に関する一般的なルールを学びます。

## 1 社内文書の種類

社内文書は、大きく分けて組織内の情報伝達を目的にするものと、議事録など記録を目的とするものがあります。原則として、1文書1件で作成します。2つ以上用件がある場合は、それぞれ別の文書にします。

### (1) 主な社内文書

| 主に会社の上部から下部に向けて発信する文書 | |
|---|---|
| 通達 | 会社組織全体に向けた命令の伝達 |
| 辞令 | 人事に関する内容を伝える |
| 指示書 | 業務運営上の指示を行う |
| 主に会社の下部から上部に報告や提案をする文書 | |
| 稟議書 | 「伺い書」「起案書」とも呼ばれ、提案などの決裁を求める |
| 報告書 | 業務の経過や結果、所感などを伝える |
| 企画書、提案書 | 企画・計画などを提案し、決裁を求める |
| 議事録 | 各種会議・委員会など、会議の内容を記録したもの |
| 各種届出書 | 休暇・欠勤など、会社に対する各種届 |
| 部門間で連絡し合う文書 | |
| 通知文 | 会議などの開催や、業務の実施・処理などを知らせる |
| 案内文 | 社内行事などを知らせ、参加を呼びかける |
| 回覧文、掲示文 | 通知や資料を順に回して伝える。会社の目立つ場所に掲げる |
| 照会文 | 在庫状況、備品や施設の使用など、業務上の問い合わせ |
| 回答文 | 照会に対する返事 |
| 依頼文 | 特定の業務について対処を頼む |
| 連絡・伝言メモ | 電話や来訪者などの伝達 |

## (2) 様式（フォーマット）

　一定の書式があり、書き込む項目と場所が指定されている文書です。頻繁に作成する文書は、様式を作成しておくと効率よく文書を作成することができます。また、仕上がりの均一化や、必要項目の書き忘れを防ぐ効果があります。

休暇届（例）

| | | 休　暇　届 | |
|---|---|---|---|
| | | | 提出日　年　月　日 |
| 所　属 | 　　　部　　　　　課　　　　係 | | |
| 氏　名 | | | 印 |
| 期　間 | 年　　月　　日～　年　　月　　日<br>　　　　　　（　　　　日間） | | |
| 区　分 | 1．有給休暇　2．代休　3．慶弔休暇<br>4．特別休暇　5．その他（　　　） | | |
| 理　由 | | | |
| | | | 承認印 ｜　｜　｜ |

## 2　社内文書の書式

社内文書の書式

```
                                    ①○○発第○○号□
                                    ②○○年○月○日□
  ③□○○○○様
                                    ④○○部長㊞□

              ⑤○○○○について（通知）

  ⑥□・・・・・・・・・・・・・下記のとおり・・・・・・・・・・・・
  ・・・・・・・・・・・・・・・・。
                         ⑦記
    □1．
    □2．

  ⑧□□なお、・・・・・・・・・・・・・・・・・。
  ⑨□添付物　・・・・・・・
                                         ⑩以上□
             ⑪担当者　○○課　○○○○□
                         内線　○○○○□
                       E-mail　○○○○○○□
```

①文書番号
②発信日付
③受信者名
④発信者名
⑤標題（件名）
⑥本文（主文）
⑦記書き
⑧追伸
⑨添付物
⑩以上
⑪担当者名

（□は1字分空白）

## 3　社内文書の構成要素

### ①　文書番号
一般的には、部署ごとに決められた略称と、当年度に作成した何番目の文書かを示します。
（例）総人発第50号…総務部人事課が、当年度に作成した50番目の文書を表す。

### ②　発信日付
発信年月日を算用数字で記します。（例）○年7月20日、　○/ 7 /20

### ③　受信者名
原則として職名で記し、左上（上位の位置と考える）に書きます。

| 社内文書の敬称 | | |
|---|---|---|
| 受信者名 | 敬　称 | 例 |
| 個人名 | 様（殿） | 鈴木太郎様 |
| 役職名 | 殿（様）* | 人事部長殿（様） |
| 部署名 | 御中 | 総務部御中 |
| 多数に同文を配付する | 各位 | 社員各位 |

＊それぞれの職場で使っているものとする。

④　発信者名

原則として、業務の責任者を職名で記します。受信者より下の位置に書きます。

（例）総務部長、○○委員長

⑤　標題（件名）

内容が一目で把握できるように、具体的に書きます。字数は多くても20字くらいにします。

（例1）研修資料作成について（依頼）

　「○○○○○について」のように書き、後ろの（　）に、通知・案内・照会・依頼・報告など文書の内容がわかるように入れます。

（例2）「研修資料作成のお願い」というように、（　）を付けない場合もあります。

⑥　本文

主文だけを記入します。

「です・ます体」（敬体）を使用し、簡潔にまとめます。

書き出しや段落が変わるところでは、行の最初を1字空けます。

⑦　記書き

伝えたい事柄が複数ある場合は本文中に「下記のとおり」「下記のように」などと書き、中央に「記」と書いた後に箇条書きをします。箇条書きは、本文の左端から1～3字入ったところから書き始めます。項目ごとに番号を付け、文体は体言止めや「だ・である体」（常体）で統一して、簡潔に書きます。

⑧　追伸

注意を引きたいことや、付け加えたいことを書きます。

⑨　添付物

資料などを添付する際は、資料名を書きます。添付物が複数あるときは、番号を付けて箇条書きにし、数量も書きます。

⑩　以上

「以上」で締めくくります。「以上」は、文書全体が終了したことを示します。最後の行の右寄せか、次の行の右寄せの位置に記します。

⑪　担当者名

ビジネス文書では、一般的に発信者と担当者が異なります。ここには、文書の内容についての実務担当者を書きます。問い合わせや連絡などを受けられるように、部署名・氏名・内線番号・メールアドレスなどを記します。

## 4　社内文書の文例と作成の留意点

### (1) 通知文
　会議の開催、業務の実施や処理、福利厚生の情報など、連絡事項を伝えるための文書です。

販売補助員選任の通知文（例）

---

　　　　　　　　　　　　　　　　　　　　　　　　　　　　　総人発第102号□
　　　　　　　　　　　　　　　　　　　　　　　　　　　　　　○年5月30日□
　□課長各位
　　　　　　　　　　　　　　　　　　　　　　　　　　　　　　総務部長□

　　　　　　　　　　　　特別セールの販売補助について（通知）

　　標記について、下記のとおり実施します。各課から1名を、セール会場の販売補助員として
　参加させてください。
　　　　　　　　　　　　　　　　　　　記
　□1．日　時　　○年6月20日（金）　10：00～16：00
　□2．場　所　　本社　5階大ホール　特別セール会場
　□□なお、販売補助員の氏名を6月6日（金）までに担当者に連絡してください。
　　　　　　　　　　　　　　　　　　　　　　　　　　　　　　　　以上□

　　　　　　　　　　　　　　　　　　　　　　　　担当者　総務課　○○○○□
　　　　　　　　　　　　　　　　　　　　　　　　　　　　内線○○○○□
　　　　　　　　　　　　　　　　　　　　　　　　　　　　E-mail　○○○○○○□

---

　　　　　　　　　　　　　　　　　　　　　　　　　　　（□は1字分空白）

【留意点】
・通知文の情報に従って読み手が行動するので、日時や場所は正確に書く。
・社内文書は簡潔な表現を心がける。標題は本文の一部であるので、さらに本文で繰り返さなくてもよいように正確に書く。首記、標題、このことについて、と書くこともある。
・標記：標題に書き記した事柄のこと。
・下記：下に書き記した文のこと。

## （2）依頼文

執筆依頼文（例）

```
                                            総発第56号□
                                            ○年10月2日□

□人事課長殿
                                              総務部長□

            内定者向け教育教材執筆のお願い

  来年度の新入社員10名を対象に、入社前教育を実施します。当社社員としての自覚をもたせ、
入社後の職場生活を円滑に運ぶことをねらいとしたものです。
  つきましては、下記の事項を検討の上、自習用教材の原稿執筆をお願いします。
                        記
□1．テーマ       （1）社会人としての心構え
                  （2）ビジネスマナーについて
□2．原稿枚数     Ａ４　20枚程度（テキストと添削問題）
□3．締め切り     ○年12月10日（月）
□4．原稿送付先   総務部総務課　○○○○
                  内線○○○○    E-mail　○○○○○○
□□なお、原稿作成の詳細については、添付資料で確認してください。
□添付資料　　入社前教育教材執筆について　1部
                                              以上□
```

（□は1字分空白）

【留意点】
・依頼の文書なので、誠意をもってお願いする姿勢で書く。
・依頼の内容が明確になるようにする。
・必要な項目は、箇条書きでわかりやすくまとめる。

## （3）報告書

　日々の業務活動を報告するものと、与えられた任務の経過や結果について報告するものがあります。いずれも、情報を上司に提供することで、経営活動に役立てることを目的としています。

　　・定期的な業務報告：日報・週報・月報・季報・年報など
　　・一般的な報告書：出張報告書・研修受講報告書・実施報告書・クレーム報告書など
　　・調査報告書：市場調査報告書・業務調査報告書など

① 出張報告書（例）（社内文書の書式を利用する場合）

```
                                                          ○年○月○日□

  □営業部長殿
                                                    営業部　○○○○□

                              出張報告書

  □下記のとおり報告します。
                                  記
  □１．出張期間　　○年８月20日（月）～８月21日（火）
  □２．出 張 先　　宮城県仙台市　Ａ社、Ｂ社、Ｃ社、Ｄ社、Ｅ社
  □３．出張目的　　(1) 仙台地区における新規取引開拓
                  (2) 新製品Ｘの商談
  □４．報告事項　　(1) 取引先のＡ社、Ｂ社はＸ商品について検討し、９月上旬には決定する。
                  (2) 新規取引先のＣ社、Ｄ社、Ｅ社は新規取引の見込みなし。
                      理由は、すでに他社から類似品を納入しているため。
  □５．所　　感　　Ａ社については、担当者がＸ商品の品質に関心を示したので、価格交渉で
                  契約に結び付けたい。
                                                              以上□
```

（□は１字分空白）

【留意点】
・提出期限を厳守する。
・一定の書式を使って書く。
・内容は箇条書きにする。
・結論から簡潔に書く。
・客観的な事実と、所感（意見や感想）を分けて書く。

受講報告書（例）（様式を利用する場合）

<table>
<tr><td colspan="3" align="right">〇年〇月〇日□</td></tr>
<tr><td colspan="3" align="center">新入社員研修　受講報告書</td></tr>
<tr><td>人事部長殿</td><td>所属</td><td>販売部　販売1課</td></tr>
<tr><td></td><td>氏名</td><td>〇〇〇〇</td></tr>
<tr><td>1．テーマ</td><td colspan="2">接客マナーの基本</td></tr>
<tr><td>2．日　時</td><td colspan="2">〇年〇月〇日（金）　10：00～15：00</td></tr>
<tr><td>3．場　所</td><td colspan="2">名古屋支店1階　大会議室</td></tr>
<tr><td>4．講　師</td><td colspan="2">社員研修センター　講師　〇〇〇〇氏</td></tr>
<tr><td>5．内　容</td><td colspan="2">(1) 講義（10：00～12：00）<br>　①接客の心がまえ<br>　②大切な第一印象<br>(2) 演習（13：00～15：00）<br>　①接遇用語<br>　②立ち居振る舞い<br>　③接客の練習（ロールプレイング）</td></tr>
<tr><td>6．所　感</td><td colspan="2">(1) 講義では、清潔感、笑顔、アイコンタクトの大切さを学んだ。<br>(2) 演習では、早口を指摘されたので気を付けたい。<br>(3) 講座で学んだ接遇用語や立ち居振る舞いを練習して、丁寧で親しみやすい接客に役立てたい。</td></tr>
<tr><td>7．添付物</td><td colspan="2">テキスト　1部</td></tr>
</table>

【留意点】
・受講内容は、順を追って箇条書きにする。
・所感は、講義、演習、職場でどのように役立てるかなど、内容ごとに分けて書くとわかりやすい。
・入手した資料やテキストなどを添付する。

## (4) 稟議書

　下位の決裁権をもたない者が、決裁権のある上位者に向けて「…してもよろしいでしょうか」と伺う文書で、「伺い書」「起案書」とも呼ばれます。
　物品の購入、外部の研修やセミナーなどへの参加、アルバイトの雇用など、様々なケースで決裁権をもつ上位者の許可を得るために作成します。

パート社員雇用の稟議書（例）（様式を利用する場合）

|  |  |  |
|---|---|---|
| | | 提出日　〇年〇月〇日□ |

承認印 [　][　][　]

稟　議　書

| 起案者 | 部署 | 営業部営業1課 |
|---|---|---|
| | 氏名 | 加藤　正 |

| 1 | 件　　名 | パート社員の雇用についての伺い |
|---|---|---|
| 2 | 目　　的 | 恒例の特別販売会開催にあたり、会場内の混雑を緩和するための来客誘導や、商品の補充・整頓作業のため。 |
| 3 | 内　　容 | (1) 人　　員　　10名<br>(2) 雇用期間　　〇年〇月〇日（水）～〇月〇日（日）（5日間）<br>(3) 勤務時間　　9：00～17：00<br>(4) 日　　給　　10,000円×5日間×10名<br>　　　　　　　　合計500,000円（別途交通費実費支給）<br>(5) 募集方法　　〇〇新聞　〇月〇日（月）朝刊<br>　　　　　　　　折り込みちらし |
| 4 | 添付資料 | (1) パート社員業務内容　　1部<br>(2) パート社員配置図　　　1部<br>(3) 〇〇新聞　折り込みちらし費用　見積書　1通 |

【留意点】
・目的や理由、必要性を簡潔に書く。
・期間や費用を明確に表示する。
・実施後に期待される効果を具体的に示す。
・箇条書きを利用し、理解しやすいように整理する。
・決裁するために必要な資料（見積書、パンフレットなど）を添付する。

## (5) 企画書

　新規の事業や業務、販売促進や事務効率に関する提案などを上部に伝えるものです。企画の主旨や目的、実施にいたるまでの具体的な計画と費用、実施による効果を明確に示します。

企画書（例）

```
                                                         ○年○月○日□

    □人事課長殿
                                                    営業課　　○○○○□

                      新製品「○○○」の発売キャンペーン開催について

　　新製品「○○○」を発売するにあたり、取引先を招待して商品の魅力の説明に加え、販売促
  進につなげるための企画を下記のように提案します。
                                    記
  □１．企画内容
      （1）期間　　○年9月20日（火）13：00～17：00
      （2）場所　　名古屋ホテル　宴会場「葵の間」
      （3）内容　　①コマーシャルフィルムの披露
                  ②キャンペーンガール3名による商品のデモンストレーション
                  ③広報部長から、販売促進の具体的な方法について説明
  □２．予算200万円
  □３．予測効果
      （1）商品の特徴をよく理解していただき、具体的な販売活動につなげていただく。
      （2）キャンペーンガールを使うことで、商品のイメージアップを図ることができる。
  □添付資料
      （1）当日のスケジュール
      （2）キャンペーンガールのプロフィール
                                                              以上□
```

（□は1字分空白）

【留意点】
・企画の主旨・内容・予算・予測効果などを明確に示す。
・「…と思う」など、曖昧な表現は避ける。
・図や表などを使って具体的に伝えてもよい。
・企画を裏付けるデータがある場合は添付する。

## (6) 議事録

会議の内容を正確に記録し、決定事項を徹底させるための文書です。会議後できるだけ早く作成し、議長の承認をもらってから、出席者全員に配付します。

議事録に記載する項目は、会議の名称、開催日時、場所、出席者、議題、経過、決定事項、配付資料、次回開催予定日時と場所、議事録作成日と作成者などです。

議事録（例）（様式を利用する場合）

| 7月度　営業会議議事録 | |
|---|---|
| 1．開催日時 | ○年7月10日（水）　14：00～16：00 |
| 2．開催場所 | 第2会議室 |
| 3．出席者 | 議長：○○<br>○○営業部長、○○営業課長<br>○○、○○、○○、○○、○○、○○、○○（以上10名） |
| 4．議題 | (1) 新製品「○○○」の販売実績の検討<br>(2) 顧客アンケートの結果報告 |
| 5．経過 | (1) 新製品「○○○」の4月～6月の販売状況を説明（○○）<br>(2) 地域別の課題を提示（○○、○○、○○）<br>(3) 販売数が伸びない地域を挙げ、その対策を提案（○○）<br>(4) 顧客アンケートについての質疑応答（○○、○○、○○）<br>(5) 売り上げアップのための方策を提案（○○、○○） |
| 6．決定事項 | (1) 8月1日（木）～7日（水）の1週間、新製品の販売促進キャンペーンを行う。<br>(2) キャンペーン期間中、本社から名古屋営業所へ応援スタッフを2名派遣する。<br>(3) 顧客からの要望をまとめ、全営業スタッフに周知徹底する。 |
| 7．配付資料 | (1) 4～6月の地区別売上表<br>(2) 顧客アンケート集計表 |
| 8．次回予定 | ○年8月8日（木）　14：00～16：00　第2会議室 |
| 9．議事録作成 | ○年7月11日（木）　記録　営業1課　○○ |

【留意点】
・会議後できるだけ早く作成する。
・会議中は細かくメモを取り、私見を交えず簡潔にまとめる。

## (7) 始末書

　仕事上の過失などにより、取引先や自社に多大な迷惑をかけたときは、上司の指示のもとに始末書を作成します。不始末の内容やその原因、お詫びや反省の気持ち、再発防止の方法や心構えなどを書きます。

始末書（例）

```
                                                            ○年○月○日□
　□代表取締役社長
　□□○○○○様
                                                            営業部
                                                            □○○○○㊞□

                            始末書

　○年○月○日○時頃、大切な顧客情報（1,000件）を入れたＵＳＢメモリーを車内に置き忘れ、
盗難に遭いました。
　急ぎの資料を自宅で作成するために持ち出したもので、関係者各位に多大なご迷惑をおかけ
してしまいました。
　この件は、許可なく顧客情報を持ち出した私の行動が原因であり、深く反省しております。
今後は二度と繰り返さないようにいたします。
　このたびの不始末に関しまして、深くお詫び申し上げます。
                                                              以上□
```

（□は１字分空白）

【留意点】
・ことの経緯を簡潔な文にまとめる。
・非を認め、反省とお詫びの言葉を丁寧に書く。
・弁解するような表現は控える。

## 確認問題

1．次は、社内文書の一例です。（1）～（8）に該当するものを、下の①～⑧の中から選び、下線部に番号を記入してください。

```
                                                    (1)_____
                                                    (2)_____
    (3)_____
                                                    (4)_____

                          (5)_____

  下記のとおり資料室が使用できません。工事期間中、緊急に資料を閲覧したい場合は、担
当者へ連絡してください。
                          (6)_____

    1．日時    ○年12月7日（金）～12月14日（金）
    2．理由    耐震工事のため
                                                    (7)_____
                                                    (8)_____
```

①以上　　②資料室の使用停止について（通知）　　③総務課長　　④社員各位
⑤担当者　総務課　○○（内線1234）　　⑥○年11月12日　　⑦総発第17号　　⑧記

# 社外文書の作り方

### 本章のポイント

　社外文書は、会社の外部に向けて発信する文書です。正確な情報をわかりやすく伝達するとともに、形式の整った礼儀正しい文書であることが求められます。
　いきなり用件を書くのではなく、用件に入る前に「頭語」「時候の挨拶」「安否の挨拶」「感謝の挨拶」を書き、主文（用件）を述べた後に「締めくくり」の文を書き、結語を添えます。
　この章では、社外文書作成のために必要な書式や、ビジネス文書特有の慣用句を学びます。

## 1　社外文書の種類

　社外文書は、主としてビジネスの交渉全般に関する「取引文書」と、企業間の円滑な交際関係を保っていくための「社交文書」に分けられます。

### (1) 取引文書

　横書きが一般的です。取引に関する意思の伝達、双方の合意の確認のために作成します。トラブルが起きた際の証拠にもなります。

| | |
|---|---|
| 通知状 | 店舗移転、臨時休業、会議開催などのお知らせ |
| 照会状 | 在庫状況、調査結果、信用状態などの問い合わせ |
| 回答状 | 照会に対する返事 |
| 依頼状 | 送付、見積り、紹介などのお願い |
| 送付状 | 見積書、請求書、商品などの送付のお知らせ |
| 注文状、申込状 | 商品の購入の申し込み。予約、加入、面会などの申し込み |
| 請求状、督促状 | 納品や支払いなどの約束履行の催促 |
| 苦情状 | 注文品の不足、品違い、不良品などへの苦情 |
| 断り状、詫び状 | 依頼されたことの断り。不良品や納期遅れに対するお詫び |
| 契約・委任・領収書 | 取引に伴う各種の契約、委任、領収 |
| 申請・届出書 | 官公庁などへの申請、届出 |

## (2) 社交文書

儀礼色が強いため、縦書きも使われます。タイミングを逃さずに出します。

| 挨拶状 | 役員就任、社屋落成、支店開設、人事異動、移転などの挨拶 |
|---|---|
| 案内状、招待状 | 式典、会合、催し物、講演会などの案内や招待 |
| 紹介状、推薦状 | 面識のない人の引き合わせや、人や物の推薦 |
| 祝賀状 | 開店・開業、役員就任、社屋落成、支店開設、受賞などへのお祝い |
| 見舞状 | 病気、事故、被災などのお見舞い |
| 弔慰状 | 訃報に対してのお悔やみ |
| 礼状 | 招待、紹介、お祝い、お見舞いなど、お世話になったことに対するお礼 |

# 2　社外文書の書式

## (1) 横書き文書の書式第

```
                                    ①○○発第○○号□
                                    ②○○年○○月○○日□
③□○○株式会社
  □○○部長□○○○○様
                          ④○○株式会社
                            □○○部長□○○○○㊞□

                     ⑤○○○の件

⑥拝啓□・・・・・・・・・・・・・・・・・・・・・・・・・・・。
⑦□さて、・・・・・・・・・・・・・・・・・・・・・・・・・
  ・・・・・・・・・・・・・・・・・・・・・・・・・・・・・。
  □つきましては、・・・・・・・・・・・・・・・・・・・・・。
⑧□まずは、・・・・・・・・・・・・。
                                              ⑧敬具□
                     ⑨記
  □1.・・・・・・・・・・・・・・・
  □2.・・・・・・・・・・・・・・・

⑩□□なお、・・・・・・・・・・・・・・・・・・・・・。
⑪□□同封物　・・・・・・・・
                                              ⑫以上□
                  ⑬担当　○○部○○課　○○○○□
                        電話番号　000-000-0000□
                        E-mail　○○○○○○○□
```

前付け
←①文書番号
←②発信年月日
←③受信者名
←④発信者名

本　文
←⑤標題（件名）
←⑥頭語・前文
←⑦主文
←⑧末文・結語
←⑨記書き

付　記
←⑩追伸
←⑪同封物
←⑫以上
←⑬担当者・連絡先

（□は1字分空白）

案内状（例）

営発第〇〇号□
〇〇年〇〇月〇〇日□

□〇〇販売株式会社
□□営業部長　〇〇〇〇様

株式会社〇〇産業
□営業部長　〇〇〇〇□

展示会開催のご案内

拝啓　〇〇の候、貴社ますますご隆盛のこととお喜び申し上げます。平素は格別のご高配を賜り、厚く御礼申し上げます。
□さて、弊社恒例の夏の新作展示会を下記のとおり開催いたします。今期は、暑い季節を快適に過ごしていただける新素材の開発に力を入れ、快適な肌触りと共に豊富なカラー展開を実現いたしました。
□つきましては、ぜひともお手に取ってご覧いただきたく、ご多忙中とは存じますが、何とぞご来場賜りますようお願い申し上げます。
□まずは、略儀ながら書中をもってご案内申し上げます。　　　　　　　　　　　敬具□

記

□１．日時　　〇〇年〇〇月〇〇日（水）10：00〜16：00
□２．場所　　〇〇会館１階　大ホール

□□なお、ご来場の際は、本状をお持ちください。
□同封物　会場案内地図　１通

以上□
担当　販売１課　〇〇〇〇□
電話番号　000-000-0000□
E-mail　〇〇〇〇〇〇□

（□は１字分空白）

## （2）縦書き文書の書式

格式を重んじる文書や、儀礼色の強い文書は縦書きにすることがあります。

例：挨拶状、招待状、慶弔状、礼状　など

```
拝啓□（前文）・・・
　・・・・・・・・・
さて、（主文）・・・
　・・・・・・・・・。
つきましては、・・
　・・・・・・・・
　・・・・・・・・。
まずは、（末文）・
　・・・・・・・・
　　　　　結語□

○○年○月○○日

　　　　　株式会社
　　　　　□役職名
　　　　　　○○○
　　　　　　○○○

□株式会社○○○
□□役職名○○○
　　　　　○○○
　　　様

□なお、（追伸）
　・・・・・・・
　・・・・・・・。
　　　　　以上□
```

（□は1字分空白）

【留意点】
・発信者名よりも受信者名を上の位置に書く。受信者名は、発信者名より左上に書く。
・社名・氏名などの固有名詞や、熟語が2行に別れないようにする。
・「て、に、を、は、が、の」などの助詞だけを行の頭に書かないようにする。
・相手側を表す言葉（貴社、御社など）は行の上に、自分側を表す言葉（弊社、当社、私など）は、行の下に位置するように字配りをする。
・日付・番地などの数字は漢数字で書く。
・追伸は、やや小さめの文字で書く。
・横書きの場合の「前付け」は、本文の後に付けられ「後付け」になる。

## 3　社外文書の構成要素

### (1)　前付け
#### ①　文書番号
文書の分類・検索のために付けます。社交文書など儀礼的な文書には付けません。

#### ②　発信日付
発信する年月日を記載します。西暦・元号どちらも使われますが、会社の慣例に従います。

#### ③　受信者名
団体名、職名、氏名は略さずに正式名称を書き、必ず敬称を付けます。
1行目に団体名、2行目に職名と個人名を書くのが一般的です。
(例)　株式会社○○商事
　　　　□営業部長□○○○○様

| 社外文書の敬称 | | |
|---|---|---|
| 受信者 | 敬称 | 例 |
| 個人名 | 様 | 鈴木太郎様 |
| 官庁・会社など団体名 | 御中 | ○○銀行御中<br>○○会社　人事課御中 |
| 職名 | 様（殿） | 総務部長様（殿） |
| 会社名と職名を付けた個人名<br>（2行に分けて書く） | 様 | ○○株式会社<br>□人事部長　鈴木太郎様 |
| 多数に同文を送る | 各位 | 株主各位、○○委員各位 |
| 社会通念上、先生と呼ばれている人 | 先生 | 山田一郎先生 |

#### ④　発信者名
　直接の担当者ではなく、その部署の責任者名を記載するのが一般的です。受信者と同格の役職者になるように配慮します。

### (2)　本文
#### ①　標題（件名）
　事務的な文書には、文書の内容や目的がわかるように記載します。「講演会開催について（ご案内）」「講演会開催のご案内」のように書きます。見舞状・祝賀状・弔意状など、儀礼的要素の強い社交文書には付けないのが一般的です。

#### ②　前文
　用件に入る前の挨拶文です。頭語と、時候の挨拶・安否の挨拶・感謝の挨拶で構成されます。丁重な文書には、前文の挨拶も長く丁寧に書きます。しかし、日常的な取引文書にはすべての挨拶を書く必要はなく、短く書くのが一般的です。

## 【頭語】

　頭語は、文書の冒頭に欠かせないものです。文書の内容や受信者によって使い分けます。頭語は、1字下げず行の最初から書きます。

| 頭語と結語：頭語に対して、文書の締めくくりの言葉を結語といいます。頭語と結語は次のような組み合わせで使われます。 | | |
|---|---|---|
| 用途 | 頭語 | 結語 |
| 一般的な場合 | 拝啓 | 敬具 |
| 丁寧な場合 | 謹啓 | 敬白・敬具 |
| 前文の挨拶を省略する場合 | 前略・冠省 | 草々・不一 |
| 急用の場合 | 急啓 | 草々・不一 |
| 再信の場合 | 再啓 | 敬具 |
| 返信の場合 | 拝復 | 敬具 |

## 【時候の挨拶】

　頭語のあと1字空けて時候の挨拶を書きます。1月から12月まで、月ごとに決まった表現を使いますが、「時下ますます…」と簡略化して書くこともできます。

| 月 | 挨拶 | 月 | 挨拶 |
|---|---|---|---|
| 1月 | 新春の候／初春の候／大寒の候 | 7月 | 盛夏の候／酷暑の候／猛暑の候 |
| 2月 | 余寒の候／晩冬の候／立春の候 | 8月 | 残暑の候／晩夏の候／秋来の候 |
| 3月 | 早春の候／春寒の候／温暖の候 | 9月 | 新秋の候／初秋の候／秋涼の候 |
| 4月 | 春暖の候／陽春の候／晩春の候 | 10月 | 秋冷の候／錦秋の候／秋晴の候 |
| 5月 | 新緑の候／薫風の候／惜春の候 | 11月 | 晩秋の候／向寒の候／霜寒の候 |
| 6月 | 初夏の候／向暑の候／麦秋の候 | 12月 | 初冬の候／寒冷の候／歳晩の候 |
| 通年 | 時下（簡略化した書き方） | | |

## 【安否の挨拶】

　企業など団体あての文書には、相手の繁栄を喜ぶ挨拶を書きます。個人あての文書には、相手の健康を喜ぶ挨拶を書きます。

　（例）企業あて…貴社ますますご隆盛のこととお喜び申し上げます。
　　　　個人あて…○○様にはますますご健勝のこととお喜び申し上げます。

| 企業、団体あて | 貴社、貴店<br>貴行、貴会<br>貴校、貴学 | ますます<br>いよいよ<br>一層 | ご繁栄<br>ご隆盛<br>ご発展<br>ご盛栄 | のことと<br>の段<br>の由 | お喜び申し上げます。<br>お慶び申し上げます。<br>大慶に存じます。<br>拝察申し上げます。<br>何よりと存じます。 |
|---|---|---|---|---|---|
| 個人あて | ○○様には、貴殿、貴台、先生には、皆々様には、皆様には、ご一同様には | | ご健勝<br>ご清祥<br>ご壮健<br>ご活躍 | | |

【感謝の挨拶】

日頃の取り引きや付き合いに対する感謝の気持ちを示す挨拶です。

（例）平素は格別のご高配を賜り、厚く御礼申し上げます。

| | | | | |
|---|---|---|---|---|
| 平素は<br>日頃から<br>毎々<br>毎度<br>このたびは<br>長年にわたり | 格別の<br>格段の<br>多大の<br>一方ならぬ<br>何かと<br>過分の | ご高配<br>お引き立て<br>ご愛顧<br>ご懇情<br>ご厚情<br>ご指導<br>ご支援 | を賜り<br>をいただき<br>にあずかり | 厚く御礼申し上げます。<br>厚くお礼を申し上げます。<br>心から御礼申し上げます。<br>感謝申し上げます。 |

③　主文

文書の用件を述べる部分です。改行して1字下げ、「さて、」などで書き始めます。「つきましては」「ついては」から、前の文を受けてどうしたいのか、具体的な事項を書きます。

内容が煩雑になる場合は「下記のとおり」などとして、「記書き」に箇条書きをします。

【具体的事項を表す慣用句】

（例）領収書をお送りしますので、ご査収くださいますようお願いいたします。

（例）下記のとおり内覧会を開催いたしますので、ご来場のほどお願い申し上げます。

| 具体的事項 | 慣用句 | |
|---|---|---|
| 受け取ってほしい | (調べて受け取ってほしい)<br>　ご査収くださいますよう<br>(贈り物などを受け取ってほしい)<br>　お納めくださいますよう<br>　ご笑納くださいますよう<br>(品物を検査して受け取ってほしい)<br>　ご検収くださいますよう | お願い申し上げます。<br>お願いいたします。 |
| 来てほしい | お越しいただきますよう<br>お運びいただきますよう<br>ご来場賜りますよう | |
| 会ってほしい | お目にかかりたく<br>ご引見賜りたく | |
| 教えてほしい | ご教示賜りたく | |
| 許してほしい | ご容赦くださいますよう | |

④　末文

文書を締めくくる部分です。改行して1字下げ、「まずは」「以上」「右」（縦書きの場合）などで書き始めるのが一般的です。最後は頭語に対応する結語を書きます。結語は、行の右寄せの位置に書きます。ただし、最終行が長めになるときは改行して、右寄せにします。

【内容をまとめる言葉】

（例）まずは、書中をもってお願い申し上げます。

| まずは<br>以上（横書き）<br>右（縦書き） | 略儀ながら書中をもって<br>書中で<br>取り急ぎ | お知らせ、お願い、御礼、ご挨拶、<br>ご紹介、ご案内、お祝い、ご報告、<br>お詫び | 申し上げます。<br>まで。 |
|---|---|---|---|

【今後の支援、厚情を願う言葉】

（例）今後とも一層のご愛顧を賜りますようお願い申し上げます。

| 今後とも<br>なにとぞ | 一層の<br>倍旧の<br>ますますの<br>末永く | ご支援<br>ご厚情<br>ご指導ご鞭撻<br>ご愛顧 | を賜りますよう<br>のほど | お願い申し上げます。 |
|---|---|---|---|---|

【相手の健康、発展を願う言葉】

（例）時節柄、ご自愛のほどお祈りいたします。

（例）皆様のご健康を心からお祈り申し上げます。

（例）貴社の一層のご発展を祈念いたします。

⑤　記書き

主文中に「下記のとおり」などと書いた場合、主文の後に「記」と書き、箇条書きにします。末尾は「以上」で締めくくります。ただし、「以上」は、文書全体の終了を示しますので、追伸や、同封物がある場合は、すべて書き終えた後に書きます。

## (3) 付記

①　追伸

注意を引きたいこと、付け加えたいことなどを書きます。

（例）なお、出欠のお返事は同封のはがきで〇月〇日までにお願いいたします。

ただし、書きもらしたととられる傾向があるので、目上に宛てる場合は失礼になると心得ましょう。また、「追って」「重ねて」の意味にもつながるので、弔慰状（悔やみ状）には使用しません。

②　同封物

資料や帳票などを同封する際はこの項目を設け、同封物のリストを付けます。

（例）同封物　　見積書1通

③　以上

文書全体が終了したことを示します。用件の最後の行の右寄せか、次の行の右寄せの位置に書きます。「以上」の前は、行を空けないようにします。

④　担当者

問い合わせや連絡などを受けるために、実務担当者を書きます。部署・氏名・電話番号・内線番号・メールアドレスなどを書きます。

## 4　社外文書の文例と作成の留意点

### (1) 取引文書

① 依頼状
(見積りの依頼　例)

---

　　　　　　　　　　　　　　　　　　　　　　　　　　　　　営発第○○号□
　　　　　　　　　　　　　　　　　　　　　　　　　　　　　○○年○○月○○日□

□○○産業株式会社
□□第１営業課長　○○○○様
　　　　　　　　　　　　　　　　　　　　　　　　　○○工業株式会社
　　　　　　　　　　　　　　　　　　　　　　　　　□総務課長　○○○○□

　　　　　　　　　　　　　　　見積りのお願い

　拝啓　○○の候、貴社ますますご隆盛のこととお喜び申し上げます。
□さて、貴社お取り扱いの電子辞書を仕入れたく存じます。
□つきましては、お手数ですが、下記条件でのお見積書を○月○日までにご送付くださいますようお願い申し上げます。
□まずは、取り急ぎお願いまで。
　　　　　　　　　　　　　　　　　　　　　　　　　　　　　　　　　敬具□

　　　　　　　　　　　　　　　　　　記
　　□□□１．品　　　名　　○○○○（商品番号○○－○）
　　□□□２．数　　　量　　○○台
　　□□□３．受渡場所　　　弊社名古屋営業所
　　□□□４．運送方法　　　貴社ご一任
　　□□□５．運　　　賃　　貴社ご負担
　　□□□６．集荷期日　　　○○年○○月○○日
　　□□□７．支払条件　　　着荷後30日銀行振込
　　　　　　　　　　　　　　　　　　　　　　　　　　　　　　　　　以上□
　　　　　　　　　　　　　　　　　　　　　　　　担当　　営業課□○○○○□
　　　　　　　　　　　　　　　　　　　　　　　　電話番号　000-000-0000□
　　　　　　　　　　　　　　　　　　　　　　　　E-mail　○○○○○○□

---

（□は１字分空白）

【留意点】
・見積りの条件を、記書きとして箇条書きにする。
・「至急お送りください」という表現ではなく、「○○月○○日までに」と期日を明記する。

② 送付状
(見積書の送付状　例)

---

　　　　　　　　　　　　　　　　　　　　　　　　　　　　　　　営業発第〇〇号□
　　　　　　　　　　　　　　　　　　　　　　　　　　　　　　　〇〇年〇〇月〇〇日□

□〇〇工業株式会社
□□営業課課長　〇〇〇〇様

　　　　　　　　　　　　　　　　　　　　　　　　　　　　〇〇産業株式会社
　　　　　　　　　　　　　　　　　　　　　　　　　　　□営業1課課長　〇〇〇〇□

　　　　　　　　　　　　　　お見積書送付のお知らせ

拝復　平素は格別のお引き立てを賜り、厚く御礼申し上げます。
□さて、〇〇月〇〇日付貴信営発第〇〇号にて見積りをご依頼いただき、誠にありがとうございます。お見積書をお送りしますので、ご検討の上ぜひともご用命賜りますようお願いいたします。
□まずは、取り急ぎお知らせ申し上げます。
　　　　　　　　　　　　　　　　　　　　　　　　　　　　　　　　　　　　　敬具□

□同封物　　お見積書　1通
　　　　　　　　　　　　　　　　　　　　　　　　　　　　　　　　　　　　　以上□
　　　　　　　　　　　　　　　　　　　　　　　　　　　担当　営業第1課□〇〇〇〇□
　　　　　　　　　　　　　　　　　　　　　　　　　　　電話番号　000-000-0000□
　　　　　　　　　　　　　　　　　　　　　　　　　　　E-mail　〇〇〇〇〇〇□

---

（□は1字分空白）

【留意点】
・帳票類だけを送付するのではなく、短くてもよいので送付状を添える。
・見積書を依頼してきた文書の発信日付、文書番号を記載する。
・見積りを依頼してくれたことへのお礼と、発注を願う言葉を添える。
・用命…注文すること。

③　注文状
（商品購入の注文状　例）

----

　　　　　　　　　　　　　　　　　　　　　　　　　　　　　　総発第○○号□
　　　　　　　　　　　　　　　　　　　　　　　　　　　　　　○○年○○月○○日□

□株式会社○○製薬
□□営業２課長　○○○○様

　　　　　　　　　　　　　　　　　　　　　　　　　　○○工業株式会社
　　　　　　　　　　　　　　　　　　　　　　　　　　□総務課長　　○○○○□


　　　　　　　　　　　　　応接セットの注文について


拝啓　貴社ますますご繁栄のこととお喜び申し上げます。
□さて、このたびは貴信○○号によりお見積書をお送りいただき、ありがとうございます。
□つきましては、お見積書に従いまして下記のとおり注文いたしますので、よろしくお願い申し上げます。
　　　　　　　　　　　　　　　　　　　　　　　　　　　　　　　　敬具□

　　　　　　　　　　　　　　　　記
□□□１．品　　　名　　応接セット　ＮＫ－105
□□□２．数　　　量　　10セット
□□□３．金　　　額　　合計○○,○○○円
□□□４．納　　　期　　○○年○○月○○日
□□□５．受渡場所　　　弊社
□□□６．運送方法　　　貴社ご一任
□□□７．運　　　賃　　貴社ご負担
□□□８．支払方法　　　着荷後10日貴社指定銀行口座に全額振込
　　　　　　　　　　　　　　　　　　　　　　　　　　　　　　以上□
　　　　　　　　　　　　　　　　　　　　　担当　　総務課□○○○○□
　　　　　　　　　　　　　　　　　　　　　電話番号　000-000-0000□
　　　　　　　　　　　　　　　　　　　　　　E-mail　○○○○○○□

----

　　　　　　　　　　　　　　　　　　　　　　　　　　（□は１字分空白）

【留意点】
・必要な項目は箇条書きにする。
・数字は必ず確認し正確に記入する。

④　通知状
（商品発送の通知状　例）（本文のみ）

商品発送のご通知

　拝啓　時下ますますご隆盛のこととお喜び申し上げます。平素は格別のお引き立てを賜り、厚く御礼申し上げます。
□さて、○○月○○日付（貴信第○○号）でご注文いただきました製品（YZ-135）は、同封の納品書のとおり、○○月○○日に○○運輸にて発送いたしました。
□貴社へは○○月○○日午前中に到着の予定でございますので、ご検収くださいますようお願い申し上げます。
□まずは、お知らせ申し上げます。　　　　　　　　　　　　　　　　　　　敬具□

□同封物　　納品書　1通
　　　　　　　　　　　　　　　　　　　　　　　　　　　　　　　　　　　以上□

（□は1字分空白）

【留意点】
・発送する商品名、受注日、注文書番号、運送手段、到着予定日を明確に書く。
・検収…検査して受け取ること。


⑤　督促状
（納品の遅延に対する催促　例）（本文のみ）

「XY-101」納品について

　前略　取り急ぎお尋ねいたします。
□去る○○月○○日付で注文いたしました空気清浄機「XY-101」50台（注文書番号S-27）が、期日の○○月○○日を過ぎても納品されておりません。当該商品は来月実施する特別セールの目玉商品としており、今月末までに納品いただかないと、弊社の販売計画にもかかわるため、たいへん困惑しております。
□貴社にもご事情はおありかと存じますが、納入をお願いしたく、折り返しご回答くださいますようお願い申し上げます。
□なお、ご発送が本状と行き違いになりました節は、何とぞご容赦ください。
　　　　　　　　　　　　　　　　　　　　　　　　　　　　　　　　　　　草々□

（□は1字分空白）

【留意点】
・事実を確かめた上で、時期を見計らって出す。
・最初から強い態度で書くと、その後の取り引きに支障をきたすことがあるので、表現に注意する。
　約束を果たしてくれることを前提に書くと相手の感情を損ねない。
・「すでにご発送いただいている場合はご容赦ください」などと書き添える配慮をする。

## （2） 社交文書

① 挨拶状
（転勤の挨拶状　例）

拝啓　○○の候、ますますご清祥のこととお喜び申し上げます。
　さて、私儀、四月一日付をもちまして、名古屋支店勤務を命じられ、このほど着任いたしました。長野支店在勤中は、公私にわたり一方ならぬご高配を賜り、厚く御礼申し上げます。
　□新任地では、新たな気持ちで業務に精励いたす所存でございますので、今後とも一層のご指導ご鞭撻のほどお願い申し上げます。
　□なお、新任地は左記のとおりでございます。お近くにお越しの節は、どうぞお立ち寄りください。
　□まずは、略儀ながら書中にてご挨拶申し上げます。

敬具□

株式会社○○電機□

□○○年○○月○○日

□株式会社○○商事
□□○○○○様

記

新勤務地　〒○○○-○○○○
　　　　　株式会社○○電機名古屋支店　営業部
　　　　　名古屋市○○区○○丁目
　　　　　電話（○○○）○○○-○○○○

以上□

（□は１字分空白）

【留意点】
・形式を守り、礼儀正しい文面にする。
・内容は、転勤の日付と勤務先、前任地在勤中のお礼、今後の抱負と支援や指導のお願い、新任地の所在地・社名・所属など。
・私儀（わたくしぎ）…私に関することですが
・所存…つもり、考え

② 招待状
（創立記念パーティーへの招待　例）

謹啓
□○○の候、貴社ますますご隆盛の段、大慶に存じます。
□さて、弊社は来る○月○○日をもちまして、創立二十年を迎えることとなりました。大過なくこの日を迎えることができましたのは、ひとえに貴社はじめ皆様方のご厚情の賜物と、衷心より御礼申し上げます。
□つきましては、左記のとおり創立記念式典と、心ばかりの祝宴を催したく存じます。
□ご多用のところまことに恐縮ではございますが、何とぞご来臨賜りますようお願い申し上げます。

敬白□

□○○年○○月○○日

　　　　　○○精密工業株式会社
　　　　　□代表取締役社長　○○○○○

□株式会社○○産業
□代表取締役社長　○○○○○様

記

□一、日時　○○年○○月○○日（土曜日）午後二時から
□一、会場　東京○○ホテル　○○の間（二階）
　　　　　電話（○○○）○○○○－○○○○
　　　　　　　　　　　　　　　*ご案内図同封

□なお、お手数ながらご出欠を同封の葉書にて、○○月○○日までにお送りください
□ますようお願いいたします。

以上□

（□は1字分空白）

【留意点】
・礼儀正しい文面を心がけ、是非とも出席してほしい旨を謙虚に表す。
・日時、場所、会費など必要な情報は記書きにする。縦書きの場合は「左記により」「左記のとおり」と書く。
・会場までの案内図を添える。
・出欠の返事をするための葉書を同封する。
・大過…大きな失敗
・衷心…心の底

③ 紹介状
(取引先を紹介する　例)

　　　　　　　　　　　　　　　　　　　　　　　　　　　　　○○年○○月○○日□
　□株式会社○○○○
　□□営業部長　　○○○○様
　　　　　　　　　　　　　　　　　　　　　　　　　　　　○○株式会社
　　　　　　　　　　　　　　　　　　　　　　　　　　　　□営業部長　　○○○○□

　　拝啓　貴社ますますご隆盛のこととお喜び申し上げます。
　　□さて先般お電話でお知らせしました、カワカミ製作所営業部長の田坂博美氏をご紹介申し上
　　げます。
　　□同社は弊社と十数年来取引のある調理器具メーカーで、堅実な経営と誠実な対応に定評のあ
　　る優良企業でございます。このたび販路拡大のため、貴社とのお取引を熱望されており、ここ
　　にご紹介申し上げる次第でございます。
　　□ご多用中まことに恐縮ではございますが、ご引見のうえご高配を賜りますようお願い申し上
　　げます。
　　□まずは、ご紹介かたがたお願い申し上げます。　　　　　　　　　　　　　　　敬具□

(□は1字分空白)

【留意点】
・紹介先へは前もって連絡しておく。
・紹介する人物との関係、紹介する理由を簡潔に述べる。
・紹介状は開封状態で本人に渡し、本人も目を通せるようにするのが原則。
・引見…地位の高い人が、相手を招き入れて会うこと。

④ 見舞状
(病気で入院した方への見舞状　例)

　急啓□承りますれば、ご入院されたとのこと。心からお見舞い申し上げます。
　□平素は、先頭に立って業務に当たられるお姿ばかり拝見しておりましたので、突然のことに驚いております。
　□このうえは、十分にご養生なさいまして、一日も早くご回復なさいますようお祈り申し上げます。
　□なお、心ばかりのお見舞いの品をお送りしましたので、お納めいただければ幸いに存じます。
　□後日改めてお見舞いに伺う所存でございますが、まずは、書中にてお見舞い申し上げます。

　　　　　　　　　　　　　　　　　　　　不一□
　○○年○○月○○日
　○○○○様　　　　　　　　　　○○○○□

(□は1字分空白)

【留意点】
・前文の挨拶は不要。頭語は「前略」「急啓」にするか、頭語を書かずに主文から書く。
・仕事のことには触れない。
・内容は、見舞いの言葉、励ましの言葉、回復を願う言葉の順で書く。

## ⑤ 礼状

（便箋を使用し手書きをする場合　例）

便箋に書く際は、次のことに配慮します。
・文書の書式を守って書く。
・罫線のある便箋を使う際は、線の間にまっすぐに書く。
・句読点や、言葉のきりのよいところで改行する。
・縦書き文書で便箋が2枚になる場合は、2枚目にも手紙文を書くように配慮する（日付・名前・追伸だけを2枚目に書かないようにする）。

```
謹啓　初冬の候、貴社ますますご隆盛のことお喜び申し上げます。平素は格別のご高配を賜り厚く御礼申し上げます。
　さて、このたびの弊社新社屋落成披露式典に際しましては、ご多用中にもかかわらずご来臨賜り、またご丁重なるご祝詞を頂戴いたしまして、まことにありがとうございました。
　ご厚情に感謝申し上げます。
　このうえは、社員一同いっそう社業に精励し、皆様のご期待にお応えする所存でございます。なにとぞ、今後ともご指導ご鞭撻のほどお願い申し上げます。
　まずは、略儀ながら書中をもちまして御礼申し上げます。
敬白□

□○年○月○日
　　　　○○工業株式会社
　　　　□代表取締役社長□○○○○
□株式会社○○製作所
□代表取締役社長□○○○○様
```

（□は1字分空白）

【留意点】
・礼状は早く出して誠意を示す。何かを受け取ったときの礼状は、確かに受け取ったという確認でもあるのですぐに出す。
・内容は、挨拶、お礼の言葉、現在の心境や抱負、今後の支援のお願いの順でまとめる。
・お礼だけを書き、他の用件は別の文書などで改めて連絡する。

## 5 封筒・はがきの書き方

① 縦長封筒

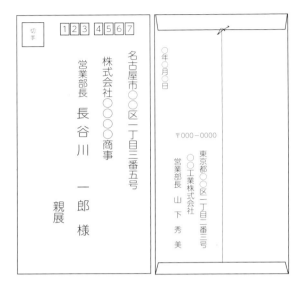

【留意点】
〈表面〉
・会社名・役職名・氏名は、正式名称を書く。
・あて名は中央に大きめの文字で書く。住所はあて名よりやや小さめの文字で書く。
・役職名が長い場合は、役職名と氏名は2行にする。
・脇付は左下に記す。(「親展」は、あて名本人に開封してもらいたいという意味)
〈裏面〉
・糊で封をする。ステープラやテープは使わない。
・封筒の封じ目には、「〆」「封」「緘」の文字を書く。
・日付は、発信年月日を書く。
・住所と差出人名が下の折り返し部分にかからないように書く。1字分程度空ける。
・差出人名は、中央の張り合わせ線の右に住所、左に会社名・氏名を書いてもよい。

② 横長封筒の宛名

③　はがきの宛名

④　返信用はがきの書き方

【留意点】
・あて名の「行」を二本線で消し、左側に敬称を書く。
・「出席」「欠席」のいずれかも消す。
・「お」「ご」「御」「芳」等敬語はすべて消す。
・「おめでとうございます」「喜んで出席いたします」「申し訳ございませんが○○のため欠席いたします」「残念ですが所用のため欠席いたします」など、ひとこと書き添える。

## 確認問題

1．次の内容で、別紙を使い形式の整った社外文書（注文状）を作成してください。
    (1) 文書番号　　営発第123号
    (2) 発信日付　　○○年○○月○○日…本日の日付を入れる。
    (3) 受信者名　　○○○○工業（株）　営業課長　森川真一
    (4) 発信者名　　（株）○○○○電機　販売課長　井上孝子
    (5) 標　　題　　コーヒーメーカー注文について
    (6) 内　　容
        ・前文の挨拶：貴社の繁栄をお喜び申し上げる。
        ・主文：さて、貴信営発第86号でコーヒーメーカー（AK-205）の見積書を拝受した。価格について配慮してくれて本当にありがとう。ついては、注文書を送るので、手配をお願いする。
        ・末文：まずは、取り急ぎお願いする。
        ・同封物：注文書　1通
    (7) 担当者は、販売1課　石川　電話番号000-000-0000

2．取引先の創立記念式典の出欠返信用はがきです。出席する場合はどのように返信すればよいか書いてください。

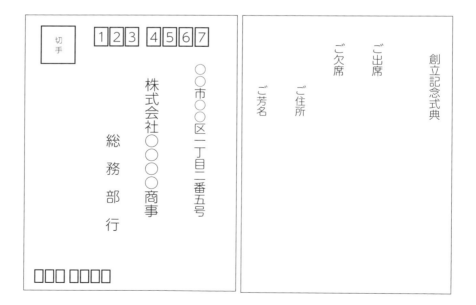

# 第6章 業種・職種の知識、会社と経営、情報収集

## 本章のポイント

　この章では、まず、業界・業種・職種の違いを理解し、自分の目指す仕事や、今の自分の仕事はどこに分類されるのかを確認するとともに、いろいろな職業を検索できるようにします。次に、企業と会社の違いを理解し、特に株式会社の特徴や組織形態について学びます。それに続いて、マーケティングに関する基本的事項を理解します。最後に、情報社会における情報収集の方法について学びます。

　なお、章末にビジネス現場で使われる重要な用語一覧表を加えましたので、参考にしてください。

## 1　業種・職種の基礎知識

　就職活動をしている学生や新社会人の中には、業種・業界のことを知らない人が少なくないようです。就職活動中の学生に「希望する業種は？」と尋ねると、「事務職です」と答えたり、逆に「就きたい職種は？」と尋ねると、「製造業です」と答えたりする場面が多く見受けられます。また、社会人が転職する場合、「前職の業種と職種は？」と聞かれることがありますが、どのように答えるでしょうか。

　まずは、業種、業界、職種の意味の違いを確認しましょう。

### (1) 業種とは

　業種とは、「企業が行っている事業の種類」のことです。明確な分類基準があるわけではありませんが、総務省による「日本標準産業分類」（表1参照）が参考になります。そこでは20種類に大分類されており、これを業種と考えていいでしょう。ちなみに、この大分類は、さらに中分類、小分類、細分類され、最終的には1,460もの業種になります。

### (2) 業界とは

　業界とは、「企業が扱っている分野による分類」です。例えば、自動車を扱う分野を自動車業界と呼びます。自動車業界の中には、自動車メーカーなら製造業、自動車ディーラーなら小売業という業種が存在します。また、金融業界であれば、銀行、証券会社、保険会社、クレジット会社や信販会社、リース会社などが含まれますし、マスコミ業界であれば、放送、新聞、雑誌、広告などの会社が含まれます。業界を細分化したものが業種なので、

第2部　仕事の仕方とビジネス文書

**表1　日本標準産業分類**[※1]

| | 大　分　類 | 中分類 | 小分類 | 細分類 |
|---|---|---|---|---|
| 1 | 農業、林業 | 2 | 11 | 33 |
| 2 | 漁業 | 2 | 6 | 21 |
| 3 | 鉱業、採石業、砂利採取業 | 1 | 7 | 32 |
| 4 | 建設業 | 3 | 23 | 55 |
| 5 | 製造業 | 24 | 177 | 595 |
| 6 | 電気・ガス・熱供給・水道業 | 4 | 10 | 17 |
| 7 | 情報通信業 | 5 | 20 | 45 |
| 8 | 運輸業、郵便業 | 8 | 33 | 62 |
| 9 | 卸売業、小売業 | 12 | 61 | 202 |
| 10 | 金融業、保険業 | 6 | 24 | 72 |
| 11 | 不動産業、物品賃貸業 | 3 | 15 | 28 |
| 12 | 学術研究、専門・技術サービス業 | 4 | 23 | 42 |
| 13 | 宿泊業、飲食サービス業 | 3 | 17 | 29 |
| 14 | 生活関連サービス業、娯楽業 | 3 | 23 | 69 |
| 15 | 教育、学習支援業 | 2 | 16 | 35 |
| 16 | 医療、福祉 | 3 | 18 | 41 |
| 17 | 複合サービス業 | 2 | 6 | 10 |
| 18 | サービス事業（他に分類されないもの） | 9 | 34 | 66 |
| 19 | 公務（他に分類されるものを除く） | 2 | 5 | 5 |
| 20 | 分類不能の産業 | 1 | 1 | 1 |
| | 合　　計 | 99 | 530 | 1,460 |

　同じ業界であっても企業ごとに業種は違うことがあります。仕事は業界で選ぶだけではなく、企業ごとの業種を確認することが大切です。

**(3) 職種とは**

　職種とは、「企業で働く個人の仕事内容の種類」です。業種や業界が企業レベルの分類であることに対して、職種は働く人の個人レベルの分類です。営業、事務、マーケティング、経理など、同じ企業の中でも所属する部署によって業務内容が異なりますので、企業にはいろいろな職種の人がいることになります。例えば、業種が自動車メーカーの場合、開発や設計、調達、製造、営業、広告、経理や人事の事務など多様な職種で構成されています。また、営業部に所属していても事務業務をしている人は、営業職ではなく事務職となります。職種の分類は、総務省による「日本標準職業分類」（表2参照）が参考になり

表2　日本標準職業分類[※2]

| | 大　分　類 | 中分類 | 小分類 |
|---|---|---|---|
| 1 | 管理的職業従事者 | 4 | 10 |
| 2 | 専門的・技術的職業従事者 | 20 | 91 |
| 3 | 事務従事者 | 7 | 26 |
| 4 | 販売従事者 | 3 | 19 |
| 5 | サービス職業従事者 | 8 | 32 |
| 6 | 保安職業従事者 | 3 | 11 |
| 7 | 農林漁業従事者 | 3 | 12 |
| 8 | 生産工程従事者 | 11 | 69 |
| 9 | 輸送・機械運転従事者 | 5 | 22 |
| 10 | 建設・採掘従事者 | 5 | 22 |
| 11 | 運搬・清掃・包装等従事者 | 4 | 14 |
| 12 | 分類不能の職業 | 1 | 1 |
| | 合　　計 | 74 | 329 |

ます。そこでは、12種類に大分類されており、さらに中分類74種類、小分類329種類に細分化されています。

### (4) 業種・職種の検索

　実際に業種を検索したいときは、ハローワークインターネットサービスの「厚生労働省編職業分類」が便利です。細分類された約900の職業が例示されていますので、今の自分の仕事がどこに分類されているかがわかります。また、「職業分野別検索」では、それぞれ仕事の内容、その仕事に就くために必要となること、労働条件の特徴、関連資格などの解説があります。細分類は、厚生労働省編職業分類に固有のものであり、職業紹介業務などに活用できるよう設定されていますので、大変見やすいサイトです。例えば、「オフィスの職業」は、「コンピュータ」「事務」「経営・管理」「その他のオフィス」に分けられ、「事務」であれば、「一般事務職」「医療事務職」「受付係」「学校事務員」「教育・研修事務員」「銀行窓口係」「経理事務員」「広報事務員（広報・PRスタッフ）」「人事係事務員」「損害サービス事務員」「通信販売受付事務員」「秘書」「物品購買事務員」「貿易事務員」について、それぞれの仕事内容が説明されています。

第2部　仕事の仕方とビジネス文書

ハローワークインターネットサービスの「職業分野別検索」画面[※3]

## 2　会社の仕組みと経営の基本

　私たちは日常的に「会社」という言葉を使います。「明日は会社が休みだから遊びに行こう」とか「会社のボーナスが増えた」などです。しかし、会社とはそもそも何なのかを考えることはありません。そこで会社の仕組みや経営はどのようになっているのか、その基本を理解しましょう。

### (1) 公企業と私企業

　会社と似た言葉に企業があります。日頃、混同して使っている言葉です。では、会社と企業の違いは何なのでしょう。

　企業とは、一定の目的を達成するために事業を行う組織体のことです。広い意味で企業を分類する場合、公企業と私企業に分かれます。国や地方公共団体などがお金を出して運営している企業を公企業、民間がお金を出して経営している企業を私企業と言います。公企業は利益を得ることを目的とはしないので、通常、企業といえば営利を目的とする私企業のことを指します。

図1　企業と会社の関係

## (2) 私企業と会社

　私企業は、個人企業と法人企業に分類されます。個人商店や町工場、農家などは個人企業であり、その経営は個人事業主に任されます。よって、個人企業が第三者と契約を結ぶ場合は、個人事業主が主体となり、個人企業が獲得した利益は個人事業主の所得になるため、個人事業主が所得税を納めなければなりません。一方、法人企業は、人ではないけれど、法的には人と同じ権利や義務を有します。よって、法人企業が第三者と契約を結ぶ場合は、法人が主体となり、法人企業が獲得した利益は法人税として納めることになります。そして、法人企業の中で一定の要件を満たしたものだけが会社と呼ばれます。したがって、企業のほうが広い意味で使われ、会社は企業の1つといえます。会社は企業ですが、企業が会社とは限らないということです。図1を参考にしてください。

## (3) 会社の種類

　会社法では、株式会社、合名会社、合資会社、合同会社の4種類の会社が認められています。この4つは、主に会社債権者に対する出資者の責任の違いで区別されます。会社が倒産し、会社の有する財産で債務を返済しきれなかった場合、出資者が個人の財産で返済しなければならないことを無限責任といい、出資者は出資した分までの責任しか負わず、出資したお金は失うとしても、それ以上を返済しなくてもよいことを有限責任といいます。

## (4) 株式会社の4つの特徴

　表3のように、約260万社ある会社のうち、約250万社が株式会社です。なぜ多くの会社が株式会社になるのでしょうか。株式会社の特徴をみることにします。

### ① 株式制度

　会社が事業を行って利益を上げるためには、お金が必要です。その資金を集めるために株式を発行します。会社が資金を集めるためには、金融機関からお金を借りるという手段もあります。しかし、借りたお金は利息も付けて返さないといけません。一方で、株式を発行して集めたお金は株主に返さなくてもよいので、株式の発行にはメリットがあります。この株式制度が、株式会社の1つめの特徴です。

### ② 株主の有限責任

　株式を購入する人（出資者）を株主といいます。株主になろうとする人は、「会社が利

表3　会社の種類

|  | 株式会社 | 合名会社 | 合資会社 | 合同会社 |
|---|---|---|---|---|
| 出資者の責任 | 有限責任 | 無限責任 | 無限責任と有限責任 | 有限責任 |
| 特徴 | ほとんどの会社 | 家族経営の会社 | 小規模会社 | 中小企業に多い |
| 会社数 | 約250万社 | 約3,800社 | 約17,000社 | 約65,000社 |

※会社数は、国税庁「平成28年度分「会社標本調査」調査結果について」に基づく

益を上げそうだ」とか、「株価が高くなったら売ろう」などと期待して株式を購入します。もし会社が倒産して会社の財産で債務を返済しきれなかった事態となっても、株主は自分が出資したお金を限度として、それ以上の責任は負いません。この株主有限責任の原則が、株式会社の2つめの特徴です。

③　株式譲渡の自由

株主は、自分が有する株式を原則自由に他人に売却（譲渡）できます。したがって、株主のリスクは少なくなりますし、株式会社の方は資金の調達がしやすい仕組みになっています。合同会社の出資者も有限責任なので株式会社と同じですが、合同会社が株式会社と大きく違うのは、出資者の譲渡が制限されている点にあります。この株式譲渡自由の原則が、株式会社の3つめの特徴です。

④　資本と経営の分離

会社の実質的オーナーである株主が、株式譲渡自由の原則によって頻繁に変わっては会社の経営ができなくなります。そこで、株主は重要な事項だけを株主総会で決定し、日頃の会社経営は、取締役と呼ばれる経営の専門家に任せます。これを資本と経営の分離といい、株式会社の4つめの特徴となります。

### (5) 上場会社

株式会社の中には上場会社と呼ばれる会社があります。上場会社とは、証券取引所で株式が売買されている会社のことです。株式を上場するのは、証券市場に登録して自社の株式を広く売買してもらうためです。株式を上場することで多くの投資家に会社の名前を知ってもらえるので、資金調達が容易になり、会社の信頼性も大きく上がります。日本には証券取引所が8つありますが、いずれかの証券取引所に上場している会社は全部で約3,600社に過ぎません。その中でも、東京証券取引所一部（東証一部）に上場しているのは、日本で最も厳しい基準をクリアした会社だけで、2,000社ほどです。日々の日経平均株価やトピックス（TOPIX）が、テレビのニュースで流れます。日経平均株価は、東証一部に上場している会社のうち、日本経済新聞社が独自に選んだ225銘柄の平均株価のことで、トピックスは、東証一部に上場している全銘柄の合計時価総額を対象とした株価指数のことです。ともに重要な経済指標です。

### (6) 会社組織の階層化と部門化

会社が大きくなると、一人で仕事を進めることはできません。多くの人が集まり、協力して分業を行います。分業が進めば、それぞれの担当者は専門化します。この分業による協働をシステム化し、事業を効果的に成し遂げようとするものが組織です。したがって、組織とは、共通の目的を達成するために、2人以上の人が集まり、お互いの専門能力を最大限に発揮するための仕掛けであるということができます。

①　ラインとスタッフ

会社の組織の基本は、ラインとスタッフです。ライン部門は、会社の事業を遂行するた

めに不可欠な仕事を行う部門です。例えば、営業部門や製造部門などがライン部門です。ライン部門は、社長→部長→課長→係長のように一元化された指揮命令系統をもち、ピラミッド型組織であるのが特徴です。ピラミッド型組織とは、トップマネジメント（経営管理者層）、ミドルマネジメント（中間管理者層）、ロアマネジメント（現場管理・監督者層）と管理者を階層化して分業を行う組織です。図2を参考にしてください。

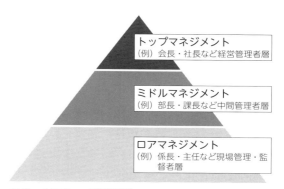

図2　ピラミッド型組織

これに対して、スタッフ部門は、ライン部門の仕事をサポートする働きを担当する部門です。例えば、企画や総務、経理や人事、またはライン内スタッフと呼ばれる営業企画や生産管理などもスタッフ部門です。スタッフ部門は、ライン部門に対して命令権限はもたず、助言やサービスを提供します。

このラインとスタッフにおいては、ライン部門の構成にいくつかのパターンがあります。職能別組織と事業部制組織がその典型です。

② 職能別組織

職能別組織は、社長のすぐ下位の階層に職能別のライン部門が配置される組織です。図3を例にすると、調達、製造、営業という職能ごとに部門が配置され、調達→製造→営業の一連の活動が会社全体の活動となります。職能別組織では、社長に権限を一元化することで各部門間の調整が行われ、会

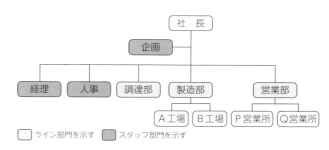

図3　職能別組織の例

社の統一性を図ることができます。また、専門化による知識や経験の蓄積が容易に行われるメリットがあります。一方で、専門化が過度になると、全社的志向が欠如し、セクショナリズム（部門間の壁）が生じやすくなります。

③ 事業部制組織

事業部制組織は、社長のすぐ下に、製品別または地域別の事業部という組織単位を配置した組織です。図4を例にすると、A製品事業部とB製品事業部それぞれに、調達、製造、営業という職能が配置されています。事業部制組織では、事業部長に権限が大幅に委譲され、ほかの事業部とは関係せずに独自で事業に取り組むことができます。事業部長の責任

権限が明確になることで、評価やコントロールが容易になり、製品や地域ごとにお客様志向が強化されるなどのメリットがあります。一方で、事業部ごとに人や設備が必要になるので、経営資源の二重投資になることや、部門間にまたがる問題が生じたときにはコミュニケーションがとりにくくなります。

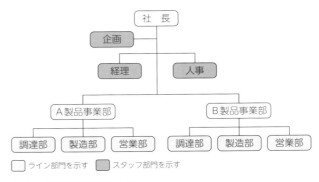

図4　事業部制組織の例

## 3　マーケティングの基礎知識

### (1) マーケティングとは

　マーケティングとは、単に市場調査や販売促進という意味ではなく、企業と顧客の間で価値を生み出していくコミュニケーション活動全体のことをいいます。したがって、既存の製品やサービスを購入してもらうことだけが目的ではありません。ターゲットとする顧客は、どこに住むどんな人で、どういう製品やサービスを望んでいるかを把握し、その顧客に新しい価値を提供することもマーケティングの活動です。

### (2) マーケティングの仕事

　マーケティングの仕事は、大きく2つに分けられます。1つめは、すでに販売されている製品やサービスの売上を伸ばすことです。自社の製品・サービスや他社の製品・サービスの現状を把握し、次年度はどのくらいの売上目標にするのかを決めます。売上目標を達成するために、試供品を配布したり、割引キャンペーンを実施したりします。2つめは、新製品・サービスを市場（マーケット）に登場させることです。新しい製品・サービスの企画を立案し、画期的な新製品や他社にはないサービスを開発します。

### (3) マーケティングの役割

　マーケティングを行うときは、顧客のニーズを起点にすることが大切です。あらゆるマーケティング活動は、市場の正確な把握と顧客満足の実現が中心となります。市場を正確に把握するためには、マーケティング・リサーチという市場調査技法を使って、顧客が何を望んでいるかを明らかにします。しかし、顧客のニーズに適した製品を生産し、サービスを提供する活動だけでは、競合他社との差別化を図ることはできません。顧客にとっての価値とは何かを常に追求し、その価値を生み出し、顧客に伝達し、満足してもらう必要があります。

## (4) 主なマーケティングの方法

### ① STP（セグメンテーション・ターゲティング・ポジショニング）分析

STP分析とは、セグメンテーション（Segmentation）、ターゲティング（Targeting）、ポジショニング（Positioning）の頭文字をとったもので、マーケティングの基本的な分析方法です。何が売れるのか、顧客は何を求めているのかを考えるとき、まず初めにSTPを決定します。

「セグメンテーション」とは、市場をいくつかに細分化することです。「ターゲティング」とは、いくつかの市場の中から、自社が競争優位に立てそうな市場にねらいを定めることです。「ポジショニング」とは、ターゲットとして抽出した市場に対して、自社の立ち位置を明確にしてブランド・ポジションを決定することです。

市場には、国や地域や年齢層、性別などによって様々なニーズがあります。マーケティングを戦略的に展開するには、どのような顧客に購入してもらいたいのかをあらかじめ明確にしておく必要があります。

### ② 4つのPとマーケティング・ミックス

4つのPとは、「製品（Product）」「価格（Price）」「流通（Place）」「販売促進（Promotion）」の頭文字にPが付く4つの言葉のことで、マーケティング手段を整理したものです（表4参照）。また、そのマーケティング手段の最適な組み合わせのことを「マーケティング・ミックス」といいます。

上記①で説明したポジションを確立するためには、マーケティング手段の最適な組み合わせを作ります。4つのPを互いにバランスを保ちながら組み合わせ、最適なマーケティ

表4　4つのP

| 4P | 検討する内容 | 主な関連部門 |
| --- | --- | --- |
| 製品<br>(Product) | 製品に関連した課題を検討する<br>・既存製品をどのように改良するか<br>・新製品をどのように開発するか<br>・製品保証にどう対応するか | 製造部門<br>研究開発部門 |
| 価格<br>(Price) | 製品の価格設定に関連した課題を検討する<br>・他社の製品と比較して価格をどうするか<br>・割引をどのようにするか | 営業部門<br>経理部門 |
| 流通<br>(Place) | 製品をどのように顧客に届けるのかという課題を検討する<br>・販売エリアをどうするか<br>・どのように原材料を調達するか | 営業部門<br>調達部門 |
| 販売促進<br>(Promotion) | 製品の購入を促すためにどのような活動を行うかを検討する<br>・どの媒体を使って広告するか<br>・会員のポイント付与はどうするか<br>・試供品はどのように配布するか | 広報部門 |

ング・ミックスを作り上げなければなりません。例えば、多くのお金を使って新製品を開発しても、価格が高すぎてはなかなか売れないし、画期的な新製品を開発しても、どこで売られているのかわからないのであれば、その製品が売れないことは明らかです。企業が最適なマーケティング・ミックスを構築すれば、最小限のコストで売上を伸ばすことができます。

### (5) 戦略とマーケティング

#### ① マーケティング戦略とは

マーケティングを展開していくためには、マーケティング戦略が重要です。有効なマーケティング戦略を実現させるためには、マーケティング活動の計画を策定する必要があります。マーケティング活動の計画策定においては、まず経営環境を把握し、次にターゲットとなる顧客を選定し、最後に具体的な活動内容を決定していきます。

#### ② SWOT分析

SWOT分析とは、「強み（Strength）」「弱み（Weakness）」「機会（Opportunity）」「脅威（Threat）」の頭文字をとったもので、経営環境を分析した結果をわかりやすく図式化する方法です。

マーケティング戦略を策定する上で、事前に自社の内部状況（内部環境）と自社を取り巻く環境（外部環境）をしっかり分析しておくことが重要です。内部環境分析では、自社が競合他社より優れている点を「強み」、劣っている点を「弱み」として認識します。外部環境分析では、技術革新、経済状況、内外の政治状況や、競合他社、顧客などの変化をとらえ、自社が展開しようとする事業の「機会」と

図5　SWOT分析

「脅威」を把握します。図5を参考にしてください。

#### ③ ブランド戦略

企業にとって望ましいのは、顧客が自社製品を優先的に購入してくれることです。そのために、競合他社と差別化し、オリジナルな製品名やロゴマークを創り上げます。こうした企業の行為を「ブランディング」といいます。一般的にブランドと聞けば、バッグや洋服、時計、車などの高級品をイメージしますが、それは違います。自社製品が他社の製品と区別が付くような製品名やロゴマークであれば、それはすべてブランドとなります。

企業は、競合する製品の中から自社の製品を顧客から選択してもらえるように、積極的

な広報活動を通じて、自社ブランドの認知や浸透を進めます。顧客が特定のブランドに愛着を深め、繰り返し購入することを「ブランド・ロイヤルティ」といいます。企業にとっては、自社製品のブランドを確立することで、競合他社より優位な立場になるので、マーケティング戦略の中でもブランド戦略は特に重要です。

④ マーケティング戦略の全体プロセス

図6は、(4)と(5)をまとめて、マーケティング戦略の全体プロセスを示しています。

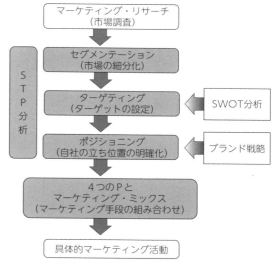

図6　マーケティング戦略の全体プロセス

## 4　日常の情報収集

### (1) 情報収集の必要性

私たちが仕事をしていく上で、情報は欠かせません。また、私たちは、仕事を一人だけで行うことはほとんどありません。職場の人や取引先の人などと常にコミュニケーションをとり、情報を交換しながら仕事を進めていく必要があります。情報を多くもっている人は、問題が発生したときに、情報という媒介を使って解決の糸口を見つけることができます。また、職場内外の人との会話においても、情報を多くもつ人は話題が多いので、コミュニケーションが豊かになります。ビジネスにおいて、日常的に情報を収集するスキルを身に付けることは必要不可欠です。

### (2) 情報リテラシー

情報社会での情報収集は、インターネットが中心となります。数多くある情報収集に関する調査結果を見ても、若い人ほどインターネットを情報源にしている割合が高くなります。インターネット環境さえあれば、いつでも、どこにいても情報収集できることが最大の特徴です。しかし、インターネットの情報量は膨大ですし、信頼に値しない情報も含まれています。インターネット情報の取捨選択、または正確性の判断には「情報リテラシー」が求められます。情報元には必ず発信者がいます。その発信者を確認することが重要です。インターネットによる情報収集は、安価な分、目的に合致した正確な情報収集をすることはそれほど簡単ではないので、なるべく多くの情報を集めて比較検討することが大切です。

### (3) メディアの活用

社会人が情報収集をするのに最適なのは、上司などに聞くことです。自分より経験豊富な人に聞くことが、最も早くて効果的です。しかし、周りの人がいつも丁寧に答えてくれ

る状況とは限りません。そこで、自分で日常的に情報収集する習慣を付けなければいけませんが、そのときに活用するのがメディアです。

① 新聞・書籍・雑誌

新聞は、今も昔も重要な情報源です。インターネットに比べれば情報の迅速性には欠けますが、まとまった形で読むことができます。

書籍や雑誌は、自分が欲しい情報に合わせて選ぶことができます。書籍には社会人向けやビジネス系のものも多く出版されています。書店に行くと、ビジネス書籍の多さと新刊の目まぐるしい入れ替えに気付くと思います。このことからも、書籍が社会人の重要な情報源であることがわかります。雑誌では、最近の社会問題について特集が組まれることが多く、貴重な情報を入手できます。近年は、新聞や雑誌を有料オンラインで読むことができるので、移動中などは便利です。電子書籍は、ハイライト機能でラインを引いた箇所を検索することができたり、メモを書き込むこともできます。また、紙媒体であっても、大切だと思う記事をスマートフォンで画像化して、DropboxやGoogleドライブなどのクラウドに保存しておいてもいいでしょう。

② テレビ

テレビは娯楽として見るなら問題ありませんが、情報収集においては時間の割に効率的ではありません。CMが入ったり、クイズ形式で進行されたりするためです。しかし、社会人ならニュースは必ず見る必要があります。夕食時や就寝前、または出勤前の時間帯に放送されるニュースを見ておくと、最新の社会の出来事が把握でき、今の政治経済の動きや、最近話題の情報などが入手できます。テレビの最大の特徴は、映像があることです。映像によって臨場感をもって情報入手できます。また、ニュースでは、天気やスポーツのコーナーがあります。社会人になると、朝一番の会話が天気やスポーツの話題になることが意外と多いのです。円滑なコミュケーションにとっても、ニュースによる情報入手は大切です。その他にも様々な経済番組などがありますので、活用してください。

③ インターネット

インターネットは今や最大の情報源ですが、その情報を読み流すだけであるとか、効率的に情報取集して管理するようなことは少ないようです。情報に流されるのではなく、自分から情報に接近しなければなりません。自分の仕事に関連するwebサイトも多く存在します。RSSリーダーにWebサイトを登録することで、新着情報などがチェックできます。また、自分で気になる単語を登録しておくと、その単語の含まれるニュースが自動で通知されます。Googleアラートなど便利なサービスがありますので、活用してください。

**(4) メディア以外からの情報収集**

メディア以外でも、情報収集手段は多くあります。職場の休憩時間での会話や、いわゆる「飲みニケーション」は、実は貴重な情報源です。また、ビジネスの現場では、サプライチェーンマネジメント（章末の「ビジネス用語一覧表」を参照）による情報共有が進ん

第6章　業種・職種の知識、会社と経営、情報収集

でいます。社内資料をデータベースに蓄積してある場合は、社内のいろいろな資料に目を通しておくのも、将来に役立つと思います。

　以上のように、現代は情報収集においてインターネットが中心ですが、日常的にインターネットを使いながらも、その他の情報収集手段を組み合わせながら、多面的な情報源を確保することが必要です。また、便利なICT機能を活用して、目的に応じた情報を効率的に収集し、保存管理することが大切になります。

### 確認問題

次の1．から10．までの（　）内に当てはまる適切な用語を入れてください。

1．「企業が行っている事業の種類」のことを（　①　）といい、「企業が扱っている分野による分類」のことを（　②　）という。また、「企業で働く個人の仕事内容の種類」のことを（　③　）という。

2．企業とは、一定の目的を達成するために事業を行う組織体のことで、国や地方公共団体などがお金を出して運営している企業を（　①　）といい、民間がお金を出して経営している企業を（　②　）という。通常、企業といえば営利を目的とする（　②　）のことを指す。

3．会社法では、（　①　）、合名会社、合資会社、合同会社の4種類の会社が認められている。（　①　）の中で、証券取引所において株式が売買されている会社を（　②　）と呼ぶ。

4．もし会社が倒産して会社の財産で債務を返済しきれなかった事態となっても、株主は自分が出資したお金を限度として、それ以上の責任を負わないことを、株主の（　①　）という。また、株主は重要な事項だけを株主総会で決定し、日頃の会社経営は、取締役と呼ばれる経営の専門家に任せることを（　②　）という。

5．（　①　）部門とは、会社の事業を遂行するために不可欠な仕事を行う部門のことで、（　②　）部門とは、（　①　）部門の仕事をサポートする働きを担当する部門のことである。

6．（　①　）組織とは、社長のすぐ下位の階層に（　①　）のライン部門が配置される組織であり、（　②　）制組織とは、社長のすぐ下に、製品別または地域別の（　②　）という組織単位を配置した組織である。

7．マーケティングとは、単に市場調査や販売促進という意味ではなく、企業と顧客の間で（　①　）を生み出していくコミュニケーション活動全体のことをいう。あらゆるマーケティング活動は、市場の正確な把握と顧客満足の実現が中心である。（　②　）という市場調査技法を使って、顧客が何を望んでいるかを明らかにし、

競合他社との差別化を図るため、顧客にとっての（　①　）とは何かを常に追求する必要がある。

8．マーケティングにおける４つのPとは、「（　①　）：Product」「（　②　）：Price」「（　③　）：Place」「（　④　）：Promotion」の頭文字にPがつく４つの言葉のことで、マーケティング手段を整理したものである。

9．SWOT分析とは、「（　①　）:Strength」、「（　②　）:Weakness」、「（　③　）:Opportunity」、「（　④　）：Threat」の頭文字をとったもので、経営環境を分析した結果をわかりやすく図式化する方法である。

10．情報社会での情報収集は、インターネットが中心だが、インターネット情報を取捨選択し、正確性を判断するためには（　①　）が求められる。

## ビジネス用語一覧表（経営全般、金融・経済、会計・財務、税金）

　ビジネスの現場では、日常生活であまり使わない用語が登場します。仕事に慣れれば普通に使う言葉になりますが、初めのうちは聞き慣れないこともあるでしょう。いわゆるビジネス用語のうち、経営全般、金融・経済、会計・財務、税金に関する言葉を限定列挙しましたので参考にしてください。

経営全般に関すること

| | |
|---|---|
| 株主総会 | 株式会社の重要事項を決定する最高機関。原則、年1回開催される。 |
| 取締役会 | 経営を行う取締役で構成される。株式会社の業務執行に関する意思を決定する機関。 |
| 社外取締役 | 取締役のうち、会社とは独立している外部の有識者など。<br>取締役会の監視機能をもつ。 |
| CEO | Chief Executive Officer：最高経営責任者のこと。 |
| CFO | Chief Financial Officer：最高財務責任者のこと。 |
| 監査役 | 業務監査および会計監査の権限を有する。 |
| 委員会設置会社 | 新しい組織の株式会社。執行役が業務執行を行い、指名・報酬・監査の委員会を中心とする取締役会は執行役を監督する機能をもつ。 |
| 上場会社 | 証券取引所で株式が売買されている会社。 |
| ホールディングス | 持株会社のこと。持株会社は事業を行わず、傘下にある事業会社の株式だけを保有して管理する。 |
| 監査法人 | 財務書類の会計監査証明を主な業務とする法人。<br>独立した立場で財務書類が適正かどうかを判断する。 |
| 内部統制 | 事業を適切に遂行するための管理体制。業務ごとに所定の手続きなどを定め、組織内のすべての者によって遂行されるプロセスのこと。 |
| 経営資源 | 会社が利用できる能力のこと。ヒト・モノ・カネ・情報を指す。 |
| PDCA | Plan（計画）、Do（実施）、Check（点検・評価）、Action（改善・処置）の頭文字。<br>計画から改善までのサイクルを繰り返し行い、事業を円滑に進めることを指す。 |
| サプライチェーンマネジメント | 調達から製造、流通、販売の全過程において、モノの流れを管理して効率化する経営手法。在庫削減などに効果がある。 |
| ナレッジマネジメント | 知識経営のこと。個人の知識やノウハウを組織で共有し、問題解決や製品開発に役立てようとする経営手法。 |
| コアコンピタンス | 自社の核となる技術などの強み。他社には真似のできない自社ならではの能力。 |
| ジャスト・イン・タイム | 必要なものを、必要な時に、必要な量だけ生産する方法。<br>代表的なトヨタ生産方式。 |
| 目標管理（MBO） | management by objective：部下が達成すべき仕事の目標を上司と部下との間で設定し、その目標の達成度合いで業績評価する制度。 |
| 成果主義 | 仕事の成果を反映させて給与や昇進などを決める仕組み。<br>勤続年数や年齢を基準とする年功序列と対比される。 |

| 労働生産性 | 生産量を労働投入量で割った比率。労働者一人当たりが働いて生み出す付加価値を指す。 |
|---|---|
| マトリクス組織 | 複数の異なる組織構造をタテ・ヨコの関係にした組織形態。所属する部署のほかにプロジェクトに参加する場合などがある。 |
| コーポレートガバナンス | 企業統治のこと。経営者が責任を適切に果たしているかを管理、監督する仕組み。 |
| ステークホルダー | 利害関係者のこと。株主、投資家、金融機関、取引先、経営者、従業員、地域社会などが含まれる。 |
| アカウンタビリティ | 説明責任のこと。企業では、経営者が、株主・投資家などのステークホルダーに対し、その活動の結果を報告する。 |
| IR | Investor Relations：株主や投資家向けに業績や今後の見通しなどを広報するための活動。 |
| コンプライアンス | 法令遵守のこと。法律や社内規則を守り、社会的な信用を得ることが目的。 |
| CSR | Corporate Social Responsibility：企業の社会的責任のこと。利益を追求するだけでなく、企業活動が社会へ与える影響に責任をもつ。 |
| 企業のサステナビリティ | 持続可能性のこと。企業が利益を上げ、将来においても顧客に製品・サービスを供給し続けられる可能性。 |
| M&A | Mergers and Acquisitions：企業の合併・買収のこと。 |
| KPI | Key Performance Indicator：重要業績評価指標のこと。目標が達成されているかをチェックする指標。数値化されていることが特徴。 |
| イノベーション | 技術革新、または新しい仕組みを創り普及させること。現代は、イノベーション経営が最も重要と言われる。 |
| シナジー効果 | 相乗効果のこと。多角化経営などの場合、独立したもの同士が相互に関係し、1＋1が2以上の効果をもたらすことを指す。 |
| デファクト・スタンダード | 市場競争を勝ち抜いたことにより、その製品が業界の標準として広く普及している規格のこと。 |
| OJT | On the Job Training：仕事の実践を通じて必要な能力を身に付ける。社員教育の1つ。 |
| IoT | Internet of Things：身の周りのあらゆるモノがインターネットにつながる仕組みのこと。 |
| アウトソーシング | 業務の一部を外部業者に委託すること。自社で行うより効率的な場合に用いる。 |
| ビッグデータ | 大容量のデータのこと。インターネットやSNSの普及で、様々なデータが蓄積されており、これをビジネスに活用していく。 |
| ダイバーシティ | 多様性のこと。国籍、性別、年齢、障害の有無などにこだわらず、様々な人材を活用していこうという考え方。 |
| インバウンド | 顧客が自社に問い合わせや訪問をすること。最近は、外国人観光客のことも指す。 |
| シンギュラリティ | 人工知能（AI）が人間の能力を超えるタイミング。 |

## 第6章 業種・職種の知識、会社と経営、情報収集

金融・経済に関すること

| 当座預金 | 小切手や手形の支払いを目的とする決済専用の口座。いつでも支払いができる要求払預金で、無利息である。 |
|---|---|
| 円高・円安 | 円高は、ドルなどの他国通貨に対して円の価値が上昇すること。円安は、その逆。1ドル＝100円が1ドル＝120円になれば、円安である。 |
| マネタリーベース | 日本銀行が世の中に供給するお金のこと。世の中に出回っているお金と日本銀行当座預金の合計額を指す。 |
| ジャスダック | 東京証券取引所が運営する、新興企業、ベンチャー企業向けの株式市場。 |
| インフレ・デフレ | インフレ（インフレーション）は、物価が継続的に上昇し、その分、貨幣価値が下がった状態。デフレ（デフレーション）は、物価が継続的に下落し、その分、貨幣価値が上がった状態。 |
| GDP | 国民総生産のこと。国内の経済活動によって新たに生み出された財・サービスの付加価値合計。 |
| CI（コンポジット・インデックス） | 内閣府が毎月発表する景気動向指数。景気動向のテンポと大きさを把握するための指標。 |
| フィンテック | Finance Technology：ITを活用した金融サービスのこと。 |

会計・財務に関すること

| 財務諸表 | 企業の財政状態や経営成績などを利害関係者に報告するために作成される。貸借対照表、損益計算書、株主資本等変動計算書、キャッシュ・フロー計算書が財務4表と呼ばれる。 |
|---|---|
| 連結財務諸表 | 企業グループに属する複数の企業を1つの企業とみなして、親会社が作成する財務諸表。 |
| 貸借対照表 | 一定時点における企業の財政状態を表す一覧表。資産、負債、純資産で構成される。B/S（Balance Sheet）とも呼ばれる。 |
| 損益計算書 | 一会計期間の企業の経営成績を表す一覧表。収益と費用で構成され、その差額が当期純利益（当期純損失）となる。P/L（profit and loss statement）とも呼ばれる。 |
| キャッシュ・フロー計算書 | 一会計期間の企業のキャッシュの流れを計算して表す一覧表。 |
| 損益分岐点 | 売上高と費用の額がちょうど等しくなり、利益がゼロとなる時の売上高または販売数量のこと。 |
| 減価償却 | 使用または時の経過により生じる有形固定資産の価値の減少分を、耐用年数にわたって計画的に費用配分する会計上の手続き。 |
| 小切手 | 現金に代わる支払手段。振出人（＝支払人）が当座預金のある銀行に対して、自分の口座から小切手に記載の金額の支払いを委託する有価証券。 |
| 約束手形 | 現金に代わる支払手段。手形の振出人（＝支払人）が、代金の受取人に対して、所定の期日に決められた金額の支払いを約束する有価証券。 |

| | |
|---|---|
| BSC | Balance Score Card：企業マネジメント手法の１つ。<br>「財務」「顧客」「業務プロセス」「学習と成長」の４つの視点から業績を評価する。企業のビジョンと戦略を可視化できることが特徴。 |
| ROA | Return On Assets：総資産利益率のこと。<br>利益を総資産で割って計算する。企業の収益性を判断する重要な指標。 |
| IFRS | International Financial Reporting Standards：国際財務報告基準のこと。<br>国際会計基準審議会（IASB）が設定する会計基準。世界共通の会計基準が目指されており、我が国の企業でもIFRSの導入が進んでいる。 |

税金に関すること

| | |
|---|---|
| 直接税 | 税金を負担する人が直接自分で納める税金。国税では所得税や法人税など、地方税では住民税や固定資産税などがある。 |
| 間接税 | 税金を負担する人と納める人が異なる税金。消費税が代表的である。 |
| 所得税 | 個人の１年間の収入から必要経費を差し引いた、所得に対してかかる税金。<br>課税所得の対象は、給与所得、退職所得、事業所得、利子所得など10種類ある。 |
| 確定申告 | 納税者が自分で所得税額を計算して申告、納付すること。 |
| 源泉徴収 | 給与などを支払う会社などが、所得税を計算し、その金額を給与などを支払うときにあらかじめ差し引くこと。 |
| 社会保険 | 公的保険であり、医療保険、介護保険、年金保険、労災保険、失業保険がある。 |
| 所得控除 | 所得税を計算するときに、所得から控除することができる（課税されない）もの。配偶者控除、扶養控除、社会保険料控除、医療費控除などがある。 |
| 税額控除 | 所得税額から差し引かれるもの。住宅借入金等特別控除（住宅ローン控除）などがある。 |
| 年末調整 | 年末において、給与所得から源泉徴収された所得税について、会社などが本人に代わって精算すること。 |
| 企業年金 | 公的年金（国民年金や厚生年金）とは別に、企業が従業員の老後のために任意で設ける私的年金制度。 |
| iDeco | 個人型確定拠出年金のこと。掛金を自分自身で運用しながら積み立て、原則60歳以降に受け取る仕組み。掛金全額が所得控除になる。 |

〈引用・参考文献〉

◆第1部　職場のコミュニケーションとビジネスマナー

第1章　これからのキャリア形成と就業意識
・エドガー・H．シャイン、尾川丈一、石川大雅著、松本美央、小沼勢矢訳『シャイン博士が語る　キャリア・カウンセリングの進め方＜キャリア・アンカー＞の正しい使用法』白桃書房、2017
・全米キャリア発達学会著、仙﨑武、下村英雄編訳『D・E・スーパーの生涯と理論』図書文化社、2013
・松尾睦著『職場が生きる人が育つ「経験学習」入門』ダイヤモンド社、2011
・松尾睦著『「経験学習」ケーススタディ』ダイヤモンド社、2015
・リンダ・グラットン、アンドリュー・スコット著、池村千秋訳『LIFE SHIFT（ライフ・シフト）―100年時代の人生戦略』東洋経済新報社、2016
・渡辺三枝子編著『新版　キャリアの心理学［第2版］』ナカニシヤ出版、2018

第2章　職場のコミュニケーション
・Dance, F.E.X.and LarsonC.E."The Functions of Human Communication":Theoretical Approach.New York:Holt, Rinehart&Winston. 1976, pp.171-192
・Hall.E.T. "The hidden dimension." New York :Doubleday. 1963, pp.116-125
・A・マレービアン著、西田司、津田幸男、岡村輝人、山口常夫訳『非言語コミュニケーション』聖文社、1986
・対人行動学研究会編『対人行動の心理学』誠信書房、1986
・中村巳喜人著『ビジネス・コミュニケーション論』同文館、1978
・藤永保編『心理学事典』平凡社、1981、p.255
・マジョリー・F・ヴァーガス著、石丸正訳『非言語コミュニケーション』新潮社、1987
・水谷修著『話しことばと日本人―日本語の生態』創拓社、1987
・宮原哲著『コミュニケーション最前線』松柏社、2000
・金田一春彦著『日本語の特質』NHK出版、1991
・国立国語研究所著『企業の中の敬語』三省堂、1982
・西田直敏著『敬語』（国語学叢書13）東京堂出版、1987
・野元菊雄監修『敬語の使い方』梧桐書院、1994
・西尾宣明編著、平田祐子ほか著『日本語表現法』樹村房、2005
・平田祐子「ビジネス・コミュニケーションの視点から敬意表現について考える―敬語指導を中心に―」『秘書教育研究』第11号、日本秘書教育学会、2003
・平田祐子「ビジネス・コミュニケーションの視点から敬意表現について考える―ビジネス・シーンでの敬語表現を中心に―」『秘書教育研究』第12号、日本秘書教育学会、2004
・森岡健二、堀内武雄「敬語セミナА－Z」『國文學』学燈社、1989
(1)「コミュニケーション能力」という場合、社会学者のHymes（1972）が提唱したCommunicative competenceという概念に始まる。"competence" の日本語訳に充当する語がないため、表現技巧にとどまらないものを一般的に「コミュニケーション・コンピテンス」と呼んでいる。
(2) Schrammは「われわれの間でのコミュニケーションとは、つまり、情報、思想、あるいは態度を共有しようとする試みである」と定義している。（藤永保編『心理学事典』平凡社、1981、p.255）
(3) Dance, F.E.X.and LarsonC.E."The Functions of Human Communication":Theoretical Approach. New York:Holt, Rinehart&Winston. 1976, pp.171-192
(4) A・マレービアン著、西田司、津田幸男、岡村輝人、山口常夫訳『非言語コミュニケーション』聖文社、1986
(5) Hall.E.T. "The hidden dimension." New York :Doubleday. 1963、pp.116-125
※1　平田祐子「ビジネス・コミュニケーションの視点から敬意表現について考える―敬語指導を中心に―」『秘書教育研究』第11号、日本秘書教育学会、2003、p.39
※2　西尾宣明編著、平田祐子ほか著『日本語表現法』樹村房、2005、p.48

### 第3章　来客応対と訪問
・佐々木怜子監修『ビジネスのマナー・文書・実務の基礎知識』ぎょうせい、2012
・北條久美子著『ビジネスマナーの解剖図鑑』エクスナレッジ、2016
・水原道子編著『ビジネスとオフィスワーク』樹村房、2012

### 第4章　電話応対
・佐々木怜子監修『ビジネスのマナー・文書・実務の基礎知識』ぎょうせい、2012
・中村健壽編著『社会人準備講座シリーズ1　ワークで学ぶビジネスマナー　講義用指導書』西文社、2006
・公益財団法人実務技能検定協会編『秘書検定　集中講義　2級　改訂版』早稲田教育出版、2012
・一般財団法人職業教育・キャリア教育財団監修『2016年度版　ビジネス能力検定　ジョブパス　3級　公式テキスト』日本能率協会マネジメントセンター、2015
・一般財団法人職業教育・キャリア教育財団監修『2016年度版　ビジネス能力検定　ジョブパス　3級　公式試験問題集』日本能率協会マネジメントセンター、2015
・北原千園実著『電話応対のルールとマナー』日本実業出版社、2006
・大部美知子著『ゼロから教えて電話応対』かんき出版、2011
・松本昌子監修『電話応対はこわくない！知っておきたい仕事のルールとマナー』池田書店、2018
・株式会社スピーキングエッセイ執筆監修『電話応対　受け方・かけ方　大事典』秀和システム、2017
・大嶋利佳著『電話応対のマナー　120シーン別　正しい受け答え』秀和システム、2014

### 第5章　交際業務
・佐々木怜子監修『ビジネスのマナー・文書・実務の基礎知識』ぎょうせい、2012
・互助会保証株式会社、一般社団法人全日本冠婚葬祭互助協会編『冠婚葬祭の歴史—人生儀礼はどう営まれてきたか』水曜社、2014
・飯倉晴武監修『日本人礼儀作法のしきたり』青春出版社、2007
・乗松和子、田村厚子著『とことん答える秘書の慶弔』一般社団法人日本秘書協会、2013
・主婦の友社編集『冠婚葬祭はじめてのマナー』主婦の友社、2015
・日本マナー・プロトコール協会著『「さすが！」といわせる大人のマナー講座』PHP研究所、2008
・財団法人日本ホテル教育センター編『プロトコールの基本』プラザ出版、2006

### 第6章　自己紹介とプレゼンテーション
・中村健壽監修『社会人準備講座シリーズ3　説明・提案・説得のワーク―プレゼンテーションの基礎』西文社、2013
・富士ゼロックスドキュメントマネージメント推進室編『プレゼンテーションの説得技法—ビジュアル・ドキュメントの作り方』日本経済新聞社、1989
・伊藤羊一著『1分で話せ』SBクリエイティブ、2018
・吉田素文監修『グロービスMBAで教えている　プレゼンの技術　人を動かす勝利の方程式』ダイヤモンド社、2014

## ◆第2部　仕事の仕方とビジネス文書

### 第1章　仕事の取り組み方
・一般社団法人職業教育・キャリア教育財団監修『2018年度版　ビジネス能力検定　ジョブパス　2級　公式テキスト』日本能率協会マネジメントセンター、2017
・厚生労働省「平成29年版厚生労働白書—社会保障と経済成長—」2017
・佐々木怜子監修『ビジネスのマナー・文書・実務の基礎知識』ぎょうせい、2012
・実教出版編修部編『2017　事例でわかる情報モラル　30テーマ』実教出版、2017

### 第2章　会議業務
・一般社団法人職業教育・キャリア教育財団監修『2018年度版　ビジネス能力検定　ジョブパス　2級　公式テキスト』日本能率協会マネジメントセンター、2017
・佐々木怜子監修『ビジネスのマナー・文書・実務の基礎知識』ぎょうせい、2012
・全国大学実務教育協会編『新しい時代の秘書ビジネス実務』紀伊國屋書店、2009
・中村健壽編『ビジネスワーク総論』同文書院、2003

### 第3章　ビジネス文書の基本
- ぎょうせい公用文研究会編『最新　公用文用字用語例集』ぎょうせい、2010
- 佐々木伶子監修『ビジネスのマナー・文書・実務の基礎知識』ぎょうせい、2012
- 高橋松三郎『文書事務』一橋出版、1980
- 福永弘之編著『エクセレント事務・文書管理』樹村房、1999
- 水原道子編著『日本語表現とビジネス文書』樹村房、2000
- 矢次信一郎著『ファイリング＆整理術』日本経済新聞出版社、2007

### 第4章　社内文書の作り方
- 佐々木玲子監修『ビジネスのマナー・文書・実務の基礎知識』ぎょうせい、2012
- 公益財団法人実務技能検定協会編『ビジネス文書検定　受験ガイド3級』早稲田教育出版、2006
- 永山嘉昭著『できる！ビジネス文書のつくり方が身につく本』高橋書店、2013
- みんなの基礎知識プロジェクト『KISOシリーズ　世界一やさしいビジネス文書』自由国民社、2009
- 石井典子、三村善美著『改訂版　ビジネス文書実務』早稲田教育出版、2012

### 第5章　社外文書の作り方
- 佐々木玲子監修『ビジネスのマナー・文書・実務の基礎知識』ぎょうせい、2012
- 公益財団法人実務技能検定協会編『ビジネス文書検定　受験ガイド3級』早稲田教育出版、2006
- 永山嘉昭著『できる！ビジネス文書のつくり方が身につく本』高橋書店、2013
- みんなの基礎知識プロジェクト『KISOシリーズ　世界一やさしいビジネス文書』自由国民社、2009
- 石井典子、三村善美著『改訂版　ビジネス文書実務』早稲田教育出版、2012

### 第6章　業種・職種の知識、会社と経営、情報収集
※1　総務省「日本標準産業分類（平成25年10月改定）（平成26年4月1日施行）」
http://www.soumu.go.jp/toukei_toukatsu/index/seido/sangyo/02toukatsu01_03000023.htmlより筆者作成

※2　総務省「日本標準職業分類（平成21年12月統計基準設定）」
http://www.soumu.go.jp/toukei_toukatsu/index/seido/shokgyou/kou_h21.htmより筆者作成

※3　https://www.hellowork.go.jp/info/mhlw_job_dictionary_field.html
- 崔英靖、大西正志、折戸洋子編著『ここから始める経営入門』晃洋書房、2016
- 武藤泰明著『ビジュアル経営の基本　第3版』日本経済新聞社、2010
- 榊原清則著『経営入門（上）　第2版』日本経済新聞社、2013
- 遠藤功著『ざっくりわかる企業経営のしくみ』日本経済新聞社、2014
- 安原智樹著『この1冊ですべてわかる　新版　マーケティングの基本』日本実業出版社、2018
- 菊池宏之編著『現代マーケティング入門』同文館、2013
- 野口智雄『ビジュアルマーケティングの基本　第4版』日本経済新聞社、2017

## ●執筆者一覧●

【編集代表】
岡野　絹枝（NPO法人キャリアネットワーク北陸　理事長、元金城大学短期大学部　副部長）

【編集協力】
清水たま子（社会福祉法人一期一会福祉会　顧問、元滋賀短期大学　特任教授）

【執　筆　者】＊執筆順

| | |
|---|---|
| 手嶋　慎介（愛知東邦大学　教授） | 1部1章 |
| 平田　祐子（大阪国際大学短期大学部　教授、日本国際秘書学会　会長） | 1部2章 |
| 吉田　智美（名古屋短期大学他　非常勤講師） | 1部3章 |
| 中原亜紀美（大阪国際大学短期大学部　講師） | 1部4章 |
| 若生眞理子（滋賀短期大学　准教授） | 1部5章 |
| 朱宮　裕子（株式会社アカデミヤ　代表） | 1部6章 |
| 岡野　大輔（金城大学　講師） | 2部1章、2章 |
| 西川三恵子（九州共立大学　教授） | 2部3章 |
| 髙宮貴代美（愛知淑徳大学　非常勤講師） | 2部4章、5章 |
| 河合　晋（岐阜協立大学　教授） | 2部6章 |

（2021年3月1日現在）

---

## よくわかる社会人の基礎知識
### ～マナー・文書・仕事のキホン～

2019年4月25日　第1刷発行
2021年2月10日　第4刷発行

編集代表　岡野絹枝

発　　行　株式会社ぎょうせい

〒136-8575　東京都江東区新木場1-18-11
URL：https://gyosei.jp

フリーコール　0120-953-431

ぎょうせい　お問い合わせ　検索　https://gyosei.jp/inquiry/

〈検印省略〉

※乱丁・落丁本は、お取り替えいたします。　©2019　Printed in Japan
印刷　ぎょうせいデジタル㈱
ISBN 978-4-324-10599-3
(5108496-00-000)
［略号：社会人基礎］